新空间与新动能：
数字经济发展洞察

王 星 ◎ 著

电子工业出版社
Publishing House of Electronics Industry
北京·BEIJING

未经许可，不得以任何方式复制或抄袭本书之部分或全部内容。
版权所有，侵权必究。

图书在版编目（CIP）数据

新空间与新动能：数字经济发展洞察 / 王星著. --
北京：电子工业出版社，2025. 6. -- ISBN 978-7-121
-50408-2
Ⅰ. F492
中国国家版本馆 CIP 数据核字第 2025JT4560 号

责任编辑：田宏峰
印　　刷：三河市龙林印务有限公司
装　　订：三河市龙林印务有限公司
出版发行：电子工业出版社
　　　　　北京市海淀区万寿路 173 信箱　邮编：100036
开　　本：720×1000　1/16　印张：12.75　字数：224.4 千字
版　　次：2025 年 6 月第 1 版
印　　次：2025 年 6 月第 1 次印刷
定　　价：68.00 元

凡所购买电子工业出版社图书有缺损问题，请向购买书店调换。若书店售缺，请与本社发行部联系，联系及邮购电话：(010) 88254888，88258888。

质量投诉请发邮件至 zlts@phei.com.cn，盗版侵权举报请发邮件至 dbqq@phei.com.cn。

本书咨询联系方式：(010) 88254471，wangty@phei.com.cn。

前言
PREFACE

当人类文明的火种从结绳记事跃升至智能算法,当经济活动的载体从丝路驼铃演进为数字平台,我们正站在文明形态裂变的历史拐点。数字技术以数倍于蒸汽机革命的加速度正在重构世界秩序,在这场攸关国运的时代竞渡中,中国在技术自强与制度创新的同频共振中,在市场活力与政府引导的协同博弈里,开辟出了一条具有文明基因的数字崛起之路。站在百年变局的历史坐标系上,本书凝聚笔者近廿载政产学研界的深入观察,试图在数字大潮的奔涌中锚定演进规律,追寻数字经济发展和治理的战略密码。

综观全球版图,数字经济领域已形成三足鼎立之势。美国凭借硅谷创新生态铸就技术霸权,欧盟借助《通用数据保护条例》(GDPR)输出规则话语权,而中国依托十四亿人口的市场纵深、全球最完整的工业体系、新型举国体制的制度优势,在应用创新与基础研究的双轮疾驱中不断筑牢发展根基。这种文明级的路径分野在

产业实践中得到史诗级诠释,中国在智能制造、智慧农业以及消费互联网领域构筑起坚实的应用矩阵。

在这片东方热土上,我们见证了集成创新如何锻造技术闭环,目睹了全产业链协同如何形成产业闭环,亲历了移动支付、直播电商等新业态助推商业闭环的跃迁,通过构建数据要素基础制度和以"三法两条例"为代表的数据安全制度体系锻造了制度闭环。这四个闭环如同数字经济的DNA双链,在螺旋升腾中释放改变数字文明进程的磅礴力量。

在城市数字化转型的宏大叙事中,我们既看到了城市智慧中枢日均处理百亿条数据的治理奇迹,也直面数据孤岛难以破壁的现实困境。智慧城市建设的"最后一公里"攻坚,其本质是技术创新与制度创新的对话——既需要构建政府主导的数字基座,更需培育市场驱动的运营生态。这种辩证思维同样贯穿于企业数字化转型的破局之道,这些实践印证着数字化转型的真谛:技术是骨骼,人才是血脉,组织文化才是灵魂。

平台经济的勃兴,谱写了数字经济最具张力的诗篇。它既创造了两亿个灵活就业岗位,催生了"农地云拼"助农销售的新模式,也在飞速发展中遭遇了挑战,需要全方位回应国家和社会对平台的期待。未来,在全球数字经济的发展蓝图中,平台企业必将继续肩负技术创新和产业升级的驱动者角色,并成为连接数字文明的新纽带。

人工智能与数据要素的变量叠加,正在触发产业变革的链式反应。当国产大模型的参数规模突破万亿,中国大模型方阵已在数字政务、精准医疗、智能创作等领域迅速发展。场内交易市场、数字化转型市场、平台经济市场等多层次数据要素市场加速形成,数据要素的乘数效应不断释放。十四亿人口产生的数据洪流、几千万工程师的智力资本、全球最大规模的应用场景,正通过新型举国体制转化为改变游戏规则的竞争优势。

放眼寰球,"数字丝绸之路"的壮阔图景已经展开。中国正以"数字基建为舟、治理规则为帆、发展经验为舵"的组合方略,不断深入推进数字经济国际合作,力图以技术普惠消除全球数字鸿沟。面对数据跨境流动的阻滞以及国际合作动能的局部衰退,我们应避免过度追求绝对安全而忽视发展需要,而应在数据跨境政策试点、点对点监管协同等方面探寻破冰之路。

数字经济的星辰大海,既需要仰望星空的思考者,更需要脚踏实地的开拓者。谨以此书献给所有致力于数字化发展的实践者,愿这些源于东方大地的思考,能成为全球数字经济发展中的文明注脚。让我们携手在数字世界刻下新的文明刻度,让技术的温度温暖人类共同的

家园。

在本书写作过程中，肖坦、章书、霍鹏、刘骏、王刚、邓杰汉、陈吉栋、史梓笙、姜琬馨、李香丽、王京羿等给予了支持和指导，在此一并表示感谢。

由于时间仓促，作者水平有限，书中难免有纰漏和不当之处，恳请广大读者批评指正。

目录 CONTENTS

第一章 Chapter 1
我国数字经济发展的驱动系统与产业空间 / 001

1.1 我国数字经济发展的四个闭环 / 002
集成创新构建技术闭环 / 003

打造全产业链构建产业闭环 / 004

从消费到产业构建商业闭环 / 005

发展和监管并重构建制度闭环 / 006

1.2 数字大潮下的产业发展新机遇 / 008
数字经济发展的政策推动力 / 008

关键生产要素支撑力 / 010

数字市场的牵引力 / 012

1.3 跨越新型基础设施建设的"最后一公里" / 019
新型基础设施是数字经济战略之基 / 019

共建共享是项目落地的必然选择 / 023

优化生态,打通投融资"最后一公里" / 027

第二章 Chapter 2

数字技术赋能传统经济高质量发展 / 029

2.1 助力农业现代化 / 030

　　农业数字化转型的主要场景 / 030

　　产业空间大与发展基础薄弱的双重特征 / 032

　　加快培育农业数字化转型生态体系 / 034

2.2 推动制造业提质增效 / 037

　　制造业数字化转型的主要趋势 / 038

　　制造业数字化转型面临三重困境 / 040

　　加快构建数字化转型支撑系统 / 042

2.3 促进服务业孕育新型消费业态 / 044

　　数字技术推动形成消费新格局 / 044

　　消费市场空间有待拓展 / 046

　　激发新型消费市场活力 / 048

第三章 Chapter 3

数字经济发展载体：智慧城市建设运营 / 051

3.1 全国智慧城市建设运营总体情况 / 052

　　我国智慧城市发展历程 / 052

　　智慧城市建设运营模式 / 054

　　智慧城市建设主体与牵头部门 / 058

　　智慧城市平台类型 / 059

智慧城市建设的新趋势 / 060

3.2 智慧城市建设运营中的数据治理 / 062

数据应用情况及数据需求 / 062

智慧城市数据治理面临的主要问题 / 063

3.3 智慧城市建设运营中的安全治理 / 065

安全隐患分布 / 065

安全治理体系 / 068

3.4 建立智慧城市建设运营保障体系 / 071

加强智慧城市建设顶层设计 / 071

构建新型治理体系 / 072

加强智慧城市规范管理 / 073

3.5 推动实施五类高质量发展工程 / 075

提升数字化治理和公共服务能力 / 076

打造数字化园区和数字化产业链 / 078

加快线上教育与线下教育融合发展 / 079

全面推进医疗行业数字化改革 / 081

培育壮大新模式新业态 / 082

第四章 | Chapter 4
企业数字化转型的底层逻辑与成效评价 / 085

4.1 企业数字化转型的背景和驱动力 / 086

我国企业数字化转型整体进程较慢 / 086

三个重要驱动因素：科技、市场和产业链 / 087

数字化转型支撑体系和财政金融支持模式 / 089

4.2 企业数字化转型的四重挑战 / 091

数字经济新逻辑带来新挑战 / 091

长期收益与短期收益难以有效平衡 / 092

企业规模与发展阶段影响显著 / 092

中小企业数字化服务和产品供给不足 / 093

4.3 企业数字化转型的价值效益评估 / 095

关键目标：通过数字化升级全面提升竞争力 / 095

实施方式：数字化技术与组织文化变革 / 097

数字化升级产生的价值效益 / 099

数字化升级价值效益评估的几个维度 / 102

数字化升级的实施策略 / 106

第五章 | Chapter 5
新形势下平台经济创新发展 / 109

5.1 平台经济具有显著的经济社会价值 / 110

平台对于新质生产力和普惠发展意义重大 / 110

平台企业在经济社会发展中的作用不断增强 / 112

5.2 平台经济促进新型消费蓬勃发展 / 118

平台消费新业态不断涌现 / 118

农村数字消费潜力尚未得到充分挖掘 / 119

释放下沉市场消费潜力 / 120

5.3 牢牢把握历史机遇和发展方向 / 121
　　发展指标分化，平台增速放缓 / 121
　　中国平台企业与美国的市值差距及价值链挑战 / 122
　　平台经济发展的主要方向 / 123

5.4 直播电商：平台经济商业模式创新的重要实践 / 127
　　直播电商产业爆发式增长 / 127
　　电商平台和内容平台积极探索直播带货模式 / 128
　　行业发展环境有待进一步优化 / 130

第六章 ｜ Chapter 6
数据要素加速融入社会化大生产 / 135

6.1 数据产权制度设计的边界与维度 / 136
　　我国数据产权制度在破立之间取舍 / 137
　　数据权益制度服务于大国竞争战略 / 139
　　数据要素在三端发力释放乘数效应 / 141
　　数据产权制度建设：理论与实践的探索 / 143

6.2 数据要素市场发展模式 / 146
　　美国模式：推动政府数据开发利用 / 146
　　欧盟模式：深化数据空间战略 / 148
　　日本模式：倡导可信数据自由流动 / 149
　　韩国模式：发挥人工智能新兴技术作用 / 151

6.3 智能驱动及多层次市场格局初步形成 / 153

人工智能：引领产业向数据驱动模式转型 / 153

可信流通：合规监管和安全可信技术加速落地 / 154

转型牵引：重点行业领域数字化转型步伐加快 / 156

平台赋能：平台企业在产业数字化转型中发挥重要作用 / 157

机制突破：数据价值化制度探索路径逐步清晰 / 158

6.4 人工智能发展面临的数据相关问题 / 160

我国人工智能飞速发展 / 160

人工智能数据治理 / 161

发展中完善人工智能数据治理 / 163

第七章 ︱ Chapter 7
开辟数字经济国际合作新格局 / 165

7.1 数字丝绸之路建设的主要成就 / 166

完善顶层规划绘制新蓝图 / 166

搭建多维平台创造新机遇 / 167

推进新基建筑牢合作新基石 / 168

加快东盟信息港建设拓展合作新边界 / 169

依托大型平台培育国际合作新势能 / 170

深化技术应用点亮数字新丝路 / 170

7.2 数字丝绸之路建设的新形势与新思路 / 172

数字丝绸之路的发展机遇与挑战 / 172

"数字丝绸之路"建设的新思路 / 175
7.3 全球数据跨境政策实践 / 179
欧盟数据跨境的制度实践 / 180
美国数据跨境的制度实践 / 182
中国数据跨境的制度实践 / 184
关于完善我国数据跨境制度的思考 / 186

参考文献 / 189

第一章 | 我国数字经济发展的驱动系统与产业空间

Chapter 1

数字经济在中国式现代化进程中的意义重大，不仅关系到经济的高质量发展，还关系到科技创新、传统产业转型升级、产业链安全、数字技术普惠、政府治理能力提升等各个方面。国家通过顶层设计和一系列的制度安排，为数字经济发展提供了方向指引。在政策、商业、产业、技术的多重作用下，中国形成了一套特色鲜明的数字经济驱动系统。这套系统对于市场空间的塑造和产业机遇的培育具有重要意义。未来，需要更多市场主体加入，持续为中国数字经济发展注入动力和活力，推动创新驱动的数字经济产业增长模式加速形成。

1.1 我国数字经济发展的四个闭环

2023年10月，国家数据局正式成立，统筹数字中国、数字经济和数字社会规划和建设工作。至此，中国数字经济治理体系，在经历了从夯基垒台到全面推进的演进历程后，正在向系统集成、协同高效进一步迈进。《"十四五"数字经济发展规划》中定义数字经济是继农业经济、工业经济之后的主要经济形态，是以数据资源为关键要素，以现代信息网络为主要载体，以信息通信技术融合应用、全要素数字化转型为重要推动力，促进公平与效率更加统一的新经济形态。官方公布的数据显示，从规模来看，中国数字经济已经连续多年位居全球第二位。从发展的过程来看，中国形成了一套不同于美国和欧洲的发展模式，这种模式可以用一个包含四个闭环的模型去分析和解释：技术闭环、产业闭环、商业闭环和制度闭环。中国数字经济发展的历史也是四个闭环同步构建的过程，这四个闭环也形成了数字经济发展的驱动系统。放眼未来，中国数字经济的发展方向、发展规模、发展质量，很大程度上也是取决于这四个闭环的构建水平。

集成创新构建技术闭环

三类数字技术及突破方式

第一类主要是"卡脖子"技术。主要包括高端芯片、操作系统、工业软件、核心算法与框架、通用处理器、云计算系统、软件关键技术的一体化研发等。第一类技术的突破方式是"揭榜挂帅",即科研机构可以参与,各类企业可以结合在创新链条中的定位和优势进行参与。

第二类是中国的优势数字技术。主要包括互联网企业在内的广大科技公司积累的数字技术,这为形成我国的优势数字技术集群做出了重要贡献。这类技术主要集中在5G、云计算、大数据、人工智能、区块链、边缘计算、脑机融合等领域。我们需要通过产学研协同创新平台建设,把技术创新应用的这个长板做得更长。

第三类是前沿数字技术。这类技术主要集中在下一代的移动通信、量子计算、神经芯片、类脑智能、第三代半导体、材料、能源等领域。数字经济竞争是全球场域下的竞争,中国发展数字经济的重要优势在于场景和市场,而从长远来看,数字经济的竞争力还是取决于它的技术竞争力,因此,前沿技术布局尤为关键。此类数字技术的突破依赖于前沿学科和交叉研究平台建设。

优势数字技术叠加技术集成应用

从全球范围来看，各国在数字经济发展的过程中，由于产业基础、市场规模、人才结构、政策导向、全球化程度等方面的差异，不同国家发展数字经济的技术底座呈现出了较大的差异。中国依托优势数字技术叠加技术集成应用优势，构建了数字经济的技术闭环，形成了数字经济发展的技术底座。这个底座支撑着社交、支付、出行、餐饮、零售等服务业领域产生大量的应用创新和模式创新，并通过产业互联网将技术优势转化为传统经济转型升级的助推器。

打造全产业链构建产业闭环

数字经济的五类产业

从统计口径来看，国家统计局公布的《数字经济及其核心产业统计分类（2021）》将数字经济产业细化为五类产业，其中，数字产品制造业、数字产品服务业、数字技术应用业、数字要素驱动业等四类产业是数字经济核心产业，主要包括计算机通信和其他电子设备制造业、互联网和相关服务业等，也涵盖新型基础设施所涉及的信息基础设施。这一部分的产业生态较为完善，具备体系化的产业配套和成熟的消费市场，产业发展已经形成了内在的驱动力。第五类数字化效率提升业为产业数字化部分，包括数字社会、数字政府等方面的内容。

核心产业关乎数字经济竞争力

从数字经济产业分类角度来看，核心产业是数字经济发展的产业基础，决定了一国数字经济发展的核心竞争力，也是大国必争之地；从价值链角度来看，如果一国数字经济核心产业发展较为薄弱，则处于数字经济价值链的底端，数字红利更多被核心产业发达的国家所攫取；从产业界的发展实践角度来看，核心产业和数字化效率提升业（产业数字化）其实也是深度融合、无法清晰切割的两个部分；从产业链角度来看，我国数字经济五类产业形成了相互拉动的产业闭环，对数字经济发展形成了强有力的产业支撑。

从消费到产业构建商业闭环

我国消费互联网蓬勃发展

在我国消费互联网领域，经过多年的快速发展，已经形成了从数字技术研发、数字产品生产、数字化运营管理、数字产品及数字服务交易、数字化支付到数字化投资等环节的完整数字化商业模式。涌现出腾讯、阿里巴巴、字节跳动、美团、京东等一批具有世界影响力的互联网企业。

我国产业互联网落地加速

在产业互联网领域，自2019年年底起，千行百业"上云用数赋智"行动明显加快。国际数据公司（IDC）公布的数据显示，2024年上半年中国公有云服务市场规模为1518.3亿元人民币，其中阿里巴巴、华为、中国电信、中国移动和腾讯位居IaaS市场排名前五位。项目建设运营模式的创新有力推动了产业互联网商业模式的落地。以智慧城市建设中的产业平台项目建设运营为例，实践中产生了四种具体模式：一是政府自投自营；二是政府出资自投、企业主导运营；三是企业投资经营、政府授权；四是企业投资、企业经营。此外，还涌现出了找钢网等线上全产业链电商平台，带动产业链上下游企业加快数字化转型步伐。

在消费互联网和产业互联网的双轮驱动下，传统企业、互联网企业、电信运营商、软件企业、系统解决方案服务商等市场主体共同参与到了数字经济商业生态构建之中，推动形成了数字经济的商业闭环。

发展和监管并重构建制度闭环

包容审慎的政策环境对创新孵化发挥重大作用

数字经济的发展一方面取决于技术的创新、场景的应用及产业层面的驱动，另外一方面也离不开政策的支持，尤其是在数字经济发展的早期阶段。中国政府对于

包容审慎：针对新兴业态的监管原则，强调在坚守安全底线基础上宽容创新试错，通过动态评估与分类监管平衡发展与风险，为创新活动营造宽松有序的政策环境。

数字经济发展一直秉持包容审慎的态度，这为国内数字经济营造了良好的产业发展环境。

当前中国处在"新发展阶段、新发展理念、新发展格局"的时代大背景之下，如何在"三新"理念的引领下发展中国的数字经济，锻造新质生产力，是我们思考中国数字经济发展的基本前提和出发点。具体来看，在国家"十四五"规划中，有七个重大战略方向和数字经济高度相关，具体包括：创新驱动、双循环与内需体系的培育、绿色发展、区域协调发展与城镇化、乡村振兴、共同富裕以及现代产业体系建设。这七个方面都离不开数字经济的有力支撑。

常态化监管促进数字经济高质量发展

数字经济以数据作为关键生产要素，随着数字经济发展规模的不断扩大，数据集聚带来的风险敞口也日益增大，导致数字经济领域出现了诸多新型安全风险，如数据安全、网络安全、内容安全、垄断风险等。随着《中华人民共和国网络安全法》《中华人民共和国数据安全法》《中华人民共和国个人信息保护法》《关键信息基础设施安全保护条例》《网络数据安全管理条例》相继颁布，以及反垄断等监管政策的不断完善，我国数字经济的监管进入常态化监管新阶段，数字经济制度体系的"四梁八柱"以及管理体制机制基本完备，推动数字经济创新驱动发展和安全发展的制度闭环逐步形成。

1.2 数字大潮下的产业发展新机遇

目前，我国相继出台了一系列推动数字经济高质量发展的政策法规，逐步构建了数字经济制度体系的"四梁八柱"，为数字经济的安全和规范发展提供了根本遵循，也为数字经济各产业深入发展指明了新方向、孕育了新机遇。

数字经济发展的政策推动力

国家级创新发展试验区擘画数字经济发展新蓝图

2019年10月，国家发展改革委、中央网信办发布《国家数字经济创新发展试验区实施方案》，选择广东省、浙江省、福建省、重庆市、四川省等地作为试点，在数字经济要素流通、新型生产关系、资源配置、产业集聚等方面先行先试。2020年11月，广东省人民政府印发《广东省建设国家数字经济创新发展试验区工作方案》。2021年11月，深圳明确提出要打造数字经济创新发展试验区。结合各地在数字经济领域的实践经验，可以看出数字经济发展的五个重要趋势：一是数据中心和融合基础设施建设成为地方发展数字经济的重要选项；二是产业互联网成为数字经济迭代发展的压舱石；三是鼓励研发资源共建共享，协同推进科技创新布局；四是新型智慧城市建设与城乡建设规划及产业规划深度融合；五是数字乡村和智慧农业开辟数字经济新蓝海。2025年3月，公开信息显示，国家数据局函复同意天津市、河北省（雄安新区）、上海市、江苏省、浙江省、广东省、四川省等7个地方开展国家数字经济创新发展试验区建设工作，数字经济领域的政策和实践创新持续推进。

> 数字乡村：运用数字技术推动乡村治理智能化、农业生产精准化、民生服务便捷化的现代化发展模式，通过数据驱动实现乡村经济、社会与生态的全面转型。

地方立法探索数字经济发展的数制方案

2020年12月24日，浙江省十三届人大常委会会议审议通过《浙江省数字经济促进条例》（以下简称《条例》）。作为全国首部以促进数字经济发展为主题的地方性法规，《条例》重点明确五个方面内容：一是数字基础设施建设要保证存量与增量并重；二是建立省市县联动机制提升数据资源管理、安全预警和安全处置响应能力；三是鼓励数字文化创意产业试验区建设；四是推动治理、产业、服务"三位一体"的数字化发展；五是在政府采购、税收优惠、融资贷款、人才供给等方面创新政策工具，支持数字经济发展。从产业发展环境来看，《条例》为将数字经济发展指标纳入省域经济高质量发展绩效评价体系提供了法律依据，地方相关的产业规划也会进行相应调整，数字经济发展的营商环境进一步优化。2021年9月1日,《广东省数字经济促进条例》正式施行,为破除阻碍数字经济发展壮大的体制机制性障碍作出了进一步探索。

"十四五"规划明确数字经济发展路线图

2021年3月公布的《中华人民共和国国民经济和社会发展第十四个五年规划和2035年远景目标纲要》(以下简称《纲要》)中,"数字中国"单列一章,明确了数字经济、数字社会、数字政府和数字生态的"四位一体"布局。四个部分既有逻辑上的递进,又有建设内容上的深度融合。《纲要》提出了七类数字经济核心产业:云计算、大数据、物联网、工业互联网、区块链、人工智能、虚拟现实和增强现实。《纲要》还提出了十类数字化应用场景:智能交通、智慧能源、智能制造、智慧农业及水利、智慧教育、智慧医疗、智慧文旅、智慧社区、智慧家居和智慧政务。目前来看,数字经济七大核心产业的产业规模增长速度较快;十大应用场景发展程度不一,有的处于探索期和起步期,有的较为成熟,总体来看,依托我国庞大的市场,上述应用场景发展潜力巨大。

关键生产要素支撑力

打造集约化、规模化、绿色化数据中心体系

2020年,国家发展改革委印发《关于加快构建全国一体化大数据中心协同创新体系的指导意见》。2021年，国家发展改革委印发《全国一体化大数据中心协同创新体系算力枢纽实施方案》《贯彻落实碳达峰碳中和目标要求 推动数据中心和5G等新型基础设施绿色高质量发展实施方案》。根据数据中心整体布局要求，到2025年，东西部数据中心要实现结构性平衡，大型、超大型数据中心的运行电能利用效率降到1.3以下，数据中心集约化、规模化、绿色化水平显著提升，使用率明显提高，公共云服务体系初步形成，全社会算力获取成本显著降低。从数据中心建设现状来看，一方面，如何根据实际建设需求和能耗约束优化数据中心布局面临重大挑战；另一方面，符合规划要求的数据中心建设有望获得能耗等政策支持。

数据交易所探索新型数据交易模式

随着大数据的广泛普及和应用，数据资源的价值逐步得到各行业的普遍重视和认可，数据交易需求也在不断增加。2021年3月31日，北京国际大数据交易所正式成立，北京数据交易系统同步上线。同年11月25日，上海数据交易所挂牌成立。2022年11月15日，深圳数据交易所成立。数据交易所的基本定位是数据中介服务商和代理人，主要职能是培育数据要素市场。数据交易所中介功能的实现取决于五种核心能力的打造：数据信息登记服务能力、数据产品交易服务能力、数据运

> **数据交易所**：作为数据要素市场的核心中介平台，提供数据登记、交易撮合、资产化运营等全链条服务，促进数据资源合规流通与价值释放。

营管理服务能力、数据资产金融服务能力和数据资产科技服务能力。

重构数字时代的人才培养体系

2021年4月19日，人社部发布《提升全民数字技能工作方案》，提出要重点开展人工智能、大数据、云计算等数字技能培训，提升公民数字素养。同年11月5日，中央网信办发布《提升全民数字素养与技能行动纲要》。在数字经济时代，人才需求结构发生革命性变化，人才培育与社会需求存在错位。传统的就业管理和服务模式、人才评价制度已经不能适应数字时代的生产关系和劳动关系，必须加快形成涵盖数字化综合管理人才、数字化应用人才、数字技术研发人才以及掌握通用数字技能的劳动者的数字人才体系。

> **数字素养**：个体在数字社会中获取、理解、应用数字技术的综合能力，涵盖信息筛选、工具操作、安全防护及创新应用等核心技能，是适应智能化时代的必备素质。

数字市场的牵引力

国企数字化转型打造智慧产业新增长极

2020年8月21日，国务院国资委印发《关于加快推进国有企业数字化转型工作的通知》，就推进国有企业数字化转型作出全面部署。2021年10月27日，国务院国资委、工业和信息化部签署《关于加快推进中央企业两化融合和数字化转型战略合作协议》，共同推动中央企业加快信息化和工业化融合和数字化转型。制造类、能源类、建筑类、服务类等不同类型国有企业数字化转型的特点和路径不同，应牢牢抓住国企数字化转型带来的技术、管理、数据、安全四方面市场机遇，见表1.1。

表1.1 国企数字化转型思路及典型案例

企业类型	转型思路及案例
制造类企业	上飞公司以智能制造为重点，提升研发、设计和生产的智能化水平。使用"增强现实（AR）+平台"解决方案打造智能辅助装配与远程协助系统，实现设备装配质量过程的智能化监测，装配效率提高70%
能源类企业	南方电网以智能现场为重点，实现全业务链协同创新和高效运营。通过5G技术结合无人机巡检和机器人巡检，实现了对多路高清视频及各种传感信息（红外、温感、湿感、辐射信息）的实时监控，实现了平台的智能巡检
建筑类企业	中国铁建打造了以建筑信息模型（BIM）为数据支撑的智慧建造平台，实现了施工现场进度、劳务、物料、场区、进度、调度等六大管理应用场景的数字化交互，赋予了建筑综合协同的智慧能力，为建筑运营者与建筑业主方提供安全、高效、便利的建筑智慧化管理服务
服务类企业	格力电器积极拓展智慧家居产业，通过打造涵盖门厅、客厅、卧室等全方位生活场景的智能家居交互式场景系统解决方案，提供基于云平台的能源管理、空气管理、健康管理、安防管理、光照管理等个性化健康生活服务

数字产业链推动产业链现代化

2021年11月30日，工业和信息化部发布《"十四五"大数据产业发展规划》，提出建立涵盖数据生成、采集、存储、加工、分析、服务、安全等关键环节的大数据产品图谱，构建稳定高效的大数据产业链，延伸行业价值链，加强行业大数据开发利用。从国内外产业发展环境来看,我国数字产业链上、中、下游均面临严峻挑战,如表1.2所示。应加强点线面贯通,加快补齐数字产业链短板,打造产业链数字化协同体系,形成多生态跨产业链新格局。

表1.2 我国数字产业链面临的挑战

产业链位置	面临的挑战
上游	资源要素短缺现象持续加剧。欧美发达国家在电子制造、通信、软件等领域处于我国产业链的上游位置,受地缘政治等因素影响,我国相关产业存在一定的断链风险
中游	产业链整体协同难度持续加大。产业跨区域布局和转移趋势加剧,相关资源配套机制尚不完善,缺乏能够统筹协调产业要素的平台载体,且不同平台间存在一定的功能重叠,容易造成产业资源浪费
下游	全球需求结构面临重大调整。全球经济下行加速了全球需求分化,推动消费模式向线上转移,直播电商、跨境电商等业态实现爆发式增长。同时,全球产业链加速重构,相关产业链要动态调整以适应新变化,这对产业基础高级化、产业链现代化提出更高要求

新型城镇化孕育多层次数字市场

当前,我国的城镇化建设重点强调以人为核心,并对转变超大特大城市发展方式、提升城市建设与治理现代化水平、推进以县城为重要载体的城镇化建设等方面提出新的要求和目标。随着新型城镇化战略的持续推进,农业人口的转移将带来数字市场的新机遇。城市群和都市圈需要构建全新数字空间动力系统,韧性、人文等城市建设的新理念和智慧县城海量需求将催生数字经济的新场景。

专栏：数字蓝海驱动人力资源素质模型系统性重构

人才需求结构发生革命性变化

一是政府对数字治理人才需求强烈。数字经济引发的新模式、新业态对传统经济形态产生巨大冲击，对政府监管和社会治理提出更高要求，监管重点会逐步转向事前、事中、事后全流程监管，对人才的需求也从适应传统人力监管向适应数字化监管转变。

二是传统企业对数字化应用人才需求强烈。传统企业为适应数字经济时代管理数字化、生产智能化、服务平台化的变革需求，正在谋求研发设计、生产制造、运营维护、物流仓储、上下游供应链等各个层面的数字化融合。人才需求重点聚焦于将数字化专业技术与企业转型实践相结合的应用型人才。

三是科技企业对数字技术研发人才需求强烈。科技企业聚焦于信息、电子、人工智能、生物工程、新材料、新能源等技术产业领域的产品和新技术的开发与应用，需要大量专业技术人才探索融合技术、搭建底层架构、开展产品研发，具备专业素养的数字人才或高端领军人才是企业抢占数字技术高地的关键。

四是个人对数字技能和新兴技能需求强烈。随着数字经济规模的不断扩大，在带动劳动力需求增加的同

时,也将减少简单劳动需求。人工智能等数字产品和服务的广泛应用,在替代大量中低技能就业岗位的同时,也将创造更多的知识和技术密集型岗位。为避免"技术性失业"风险,数字技能提升成为个人应对产业变革的必然选择。

传统人才培养管理模式无法满足数字经济需求

一是人才培养与社会需求存在错位。当前,我国数字人才培育供给侧和产业需求侧在结构、质量、水平上尚未完全匹配,"两张皮"问题普遍存在,亟须加快建立有利于促进产教融合的体制机制,提高行业企业参与教育办学程度,构建产教深度融合、校企协同育人、需求导向完善的人才培养模式。

二是高水平创新人才供给不足。我国数字经济规模庞大,拥有大量数字人才资源,但目前数字人才分布存在断层现象,人才队伍结构性矛盾较为突出,高尖端核心技术人才、领军型人才、卓越工程师以及基础研发人才供给不足。

三是就业服务保障体系有待完善。数字经济是以数据作为关键生产要素、以信息网络作为重要载体、以科技创新作为根本驱动力的经济形态。传统的就业管理和服务模式、人才评价制度已不适应新经济的发展趋势,对就业存在一定制约,亟待完善升级。

多方联动重构数字人才培养体系

对政府而言，应强化政策的有效供给，构建适应数字经济社会发展需要的人才政策体系。加大产教融合引导力度，统筹教育系统和产业系统的协同规划与落实，围绕政策规划、体系架构、应用实践等核心内容，指导发布分区域、分层次、分行业的人才培养体系建设指南，编制数字经济系列培训课程体系。依托各类产教融合创新平台，分级分类开展线上线下培训，将数字技能培训全面融入基础教育、高等教育与在岗教育，加快高水平创新人才队伍体系建设，培养一批数字产业急需的复合型人才。

对企业而言，应加强数字人才培养，建立数字人才引进、培育、激励的人力资源体系。以需求为准则，统筹推进企业数字人才的培养与引进工作。基于企业数字化战略发展需求，建立匹配企业业务需求发展的个性化、精准化、敏捷化、动态化的数字人才画像库，针对不同层级的数字人才制定系统化的培养方案。探索建立与数字经济相适应的新型劳动用工模式和薪酬体系，加强校企深度合作。针对数字技能劳动力供应缺口，建立高校、科研机构与企业培育技术技能型人才的联合培养机制和共享机制，构建开放式的人力资源管理制度。

对个人而言，应着力提升自身数字素养，打造在数

字时代综合运用数据资源的新型能力。数字技术的广泛应用，对个人在数字交流、数字消费、数字安全、数字健康等数字技能方面提出更高要求。从供给侧来看，应依托现有教学资源，围绕数字技术重点领域，开设并推广人工智能、大数据、基础软件等"新工科"专业，重构数字人才的课程体系和培养机制，提升系统化数字技能供给能力。打造基于互联网的多学科联合、多方参与的开放式培养平台，面向高校学生、科研人员以及企业实践人员等，开展数字经济新领域、新技术、新业态、新模式的实践教学，促进人才培育供给侧和产业需求侧结构要素实现全方位融合。

> **新工科**：面向新兴产业与技术革命需求，融合多学科知识构建的工程教育体系。它注重实践创新与跨界整合，致力于培养具备复杂问题解决能力的复合型工程技术人才。

1.3 跨越新型基础设施建设的"最后一公里"

国家"十四五"规划中提出要统筹推进传统基础设施和新型基础设施建设，打造系统完备、高效实用、智能绿色、安全可靠的现代化基础设施体系。新型基础设施建设对于数字经济发展具有非常重要的战略意义，但局部领域目前仍然面临"最后一公里"的落地难问题。

一方面，我国高度重视新型基础设施建设布局，新型基础设施已成为实施数字经济发展战略的先手棋、拉动投资稳定增长的新引擎、数字化转型和智慧城市建设的基础底座。另一方面，新型基础设施的主导技术、应用场景、产业生态等整体还处于探索和培育阶段，传统基建的建设运营及投融资模式无法完全复用，新型基础设施建设整体推进较为缓慢。

新型基础设施是数字经济战略之基

自 2018 年中央经济工作会议明确提出新型基础设施概念以来，新型基础设施的内涵和外延不断演进。2019

年，国家发展改革委明确了新型基础设施的范围，即包括信息基础设施、融合基础设施、创新基础设施三类。2021年11月，国家发展改革委进一步明确了新型基础设施的重点内容（见表1.3），并确立了"加快建设信息基础设施、稳步发展融合基础设施、适度超前谋划和部署创新基础设施建设"的发展思路。

表1.3 新型基础设施的重点内容

分类	重点内容
信息基础设施	基于新一代信息技术演化生成的基础设施，包括物联网、5G网络、固定宽带网络、空间信息、数据中心等基础设施
融合基础设施	深度应用信息技术，促进传统基础设施转型升级，进而形成的新形态基础设施，包括工业互联网、智能交通物流设施、智慧能源系统等基础设施
创新基础设施	支撑科学研究、技术开发、产品及服务研制的基础设施，包括科学研究、技术开发、试验验证等基础设施

可信数据空间：基于隐私计算与区块链技术构建的安全数据流通体系，通过加密处理与权限管理实现数据"可用不可见"，保障跨机构协作中的隐私安全与价值共享。

各部委相继布局了"东数西算""新城建""交通新基建"等重大工程和项目（见表1.4），新型基础设施从宏观政策构想逐步迈向垂直细分领域产业实践；2024年11月，国家数据局发布了《可信数据空间发展行动计划（2024—2028年）》，分类施策推进企业、行业、城市、个人、跨境可信数据空间建设运营。

表 1.4　新型基础设施建设重大工程和项目

工程和项目名称	牵头部门	重点内容
东数西算	国家发展改革委	通过构建数据中心、云计算、大数据一体化的新型算力网络体系，推动数据中心合理布局、优化供需、绿色集约和互联互通，实现算力的规模化和集约化，提升国家整体算力水平。京津冀、长三角、粤港澳大湾区、成渝、内蒙古、贵州、甘肃、宁夏成为国家算力枢纽节点和国家数据中心集群落地的八个主要区域
新城建	住房城乡建设部	以国家、省、市三级城市信息模型基础平台体系建设为抓手，着力推动新型城市基础设施建设。截至 2021 年 12 月 15 日，全国已有 21 个城市开展试点，在城市信息模型平台、智能制造、智慧社区等方面落地了大批项目
交通新基建	交通运输部	开展交通运输领域新型基础设施建设行动，聚焦交通领域应用场景建设。通过智慧公路、智慧航道、智慧港口、智慧枢纽等方面建设，促进交通基础设施网与运输服务网、信息网、能源网融合发展，进一步提高交通基础设施运行效率
教育新基建	教育部	以新发展理念为引领，以信息化为主导，面向教育高质量发展需要，聚焦信息网络、平台体系、数字资源、智慧校园、创新应用、可信安全等方面的新型基础设施体系，进一步丰富新型基础设施的内涵和建设内容
数据空间	国家数据局	到 2028 年，建成 100 个以上可信数据空间，形成一批数据空间解决方案和最佳实践，基本建成广泛互联、资源集聚、生态繁荣、价值共创、治理有序的可信数据空间网络，初步形成与我国经济社会发展水平相适应的数据生态体系

城市信息模型：整合城市地理空间、建筑设施、经济社会等多源数据构建的三维数字化模型，为智慧城市规划、建设、管理提供全生命周期的可视化决策支撑。

为有效支持新型基础设施建设，国家发布了一系列投融资政策文件，鼓励统筹运用财政资金、税收优惠、

不动产投资信托基金（REITs）：通过证券化方式募集资金投资基础设施等不动产项目的金融工具，将项目收益以分红形式回馈投资者，兼具资产流动性与稳定收益特征。

信贷资金、绿色债券、不动产投资信托基金（REITs）等多种方式，解决工程和项目落地问题，见表1.5。

表1.5 新型基础设施建设投融资相关政策文件

序号	发布时间	发布部门	文件名称	主要内容
1	2022年1月12日	国务院	《"十四五"数字经济发展规划》	拓展多元投融资渠道，鼓励企业开展技术创新；鼓励引导社会资本设立市场化运作的数字经济细分领域基金；支持符合条件的数字经济企业进入多层次资本市场进行融资；鼓励银行业金融机构创新产品和服务，加大对数字经济核心产业的支持力度
2	2021年12月31日	国家发展改革委	《关于加快推进基础设施领域不动产投资信托基金（REITs）有关工作的通知》	加快推进基础设施REITs试点相关工作，推动盘活存量资产、形成投资良性循环
3	2021年9月27日	工业和信息化部等八部门	《物联网新型基础设施建设三年行动计划（2021—2023年）》	发挥财政资金的引领推动作用，鼓励地方政府设立物联网专项基金，引导金融机构参与物联网新型基础设施建设；落实研发费用加计扣除等税收优惠政策，推动企业加大研发投入。促进社会资本与中小企业对接，推动解决物联网融资问题

续表

序号	发布时间	发布部门	文件名称	主要内容
4	2021年7月4日	工业和信息化部	《新型数据中心发展三年行动计划（2021—2023年）》	引导社会资本参与新型数据中心建设，鼓励金融机构等对新型数据中心加大支持力度，推动优秀项目参与不动产投资信托基金（REITs）等投融资；鼓励符合条件的金融机构和企业发行绿色债券，支持符合条件的企业上市融资

共建共享是项目落地的必然选择

新基建项目的参与方主要包括政府、金融机构、企业等主体。科学分析和识别新基建建设运营中的行业风险和收益特征，积极创新投融资模式，广泛拓展融资渠道，探索多元参与、风险收益共担的投融资方案，是解决新基建项目落地难困境的基本思路。

政府层面：专项债、政府和社会资本合作（PPP）、城投模式是解决新基建项目融资的重要手段

新基建的投资金额巨大，建设周期长，对产业配套和技术要求比较苛刻，后期运行维护也非常重要，并且存在不断升级迭代的需求。因此，政府通常在新基建项目投资中发挥重要的引导作用。目前，政府合规的投融

专项债：政府为特定公益性项目发行的债券，以项目未来收益作为偿还来源，用于支持交通、能源等有一定收益的基础设施建设，是地方政府融资的重要工具。

政府和社会资本合作（PPP）模式：政府与社会资本在基础设施及公共服务领域建立的长期合作机制，通过契约明确风险共担与利益分配，吸引社会资本参与公共产品供给的市场化模式。

城投模式：地方政府通过设立城市投资平台公司开展基础设施投资、土地开发与城市运营的融资模式，在城镇化进程中发挥重要作用并需平衡债务风险。

资模式主要包括专项债、PPP、城投模式三类。

一是专项债模式。2020年4月初，财政部提出地方政府专项债券可用于5G网络、数据中心、人工智能等新型基础设施建设领域。专项债模式的本质是政府财政预算内资金，主要用于政府负有直接提供义务的基础设施项目。项目是否适用专项债投资，取决于项目本身是否可形成政府性基金收入或专项收入。从2015年开始，全国地方政府专项债券限额逐年增加，从2015年的1000亿元增长至2020年的3.75万亿元。2024年，新增专项债额度达到3.9万亿元。未来，专项债在新型基础设施建设领域的应用前景广阔，仍然有较大发展空间。

二是PPP模式。PPP模式针对政府负有提供责任且适宜市场化运作的公益类项目，将适宜由社会资本承担的部分拿出来交给社会资本，以政府投资带动民间资本投入。政府除提供资金外，还允许社会资本更大限度地参与到项目运营，弥补政府在运营效率上的不足。PPP模式具有服务基建的基本特性，其与新型基础设施建设的融合效应值得期待。

三是城投模式。城投模式作为地方政府投资城市基础设施建设的传统融资手段之一，适用于新基建建设运营中准公益性或经营性项目。其融资渠道包括银行贷款、企业债券、信托或融资租赁、产业基金等。对传统城投公司而言，深度参与新型基础设施建设项目，既是转型升级的机遇，也是重大挑战。

银行层面：专项贷款是新型基础设施建设项目资金的重要支撑

银行可以通过发放贷款对新型基础设施建设项目进行债权投资，也可以通过发行理财产品，募集个人投资者或机构投资者的理财资金，然后通过信托计划、私募基金等方式进行股权投资。银行获取资金的成本较低，能够以较低的利率发放贷款，但也存在着对信贷主体的信用要求较高的问题。对于信用等级不足的企业或投资回报风险较大的新型基础设施建设项目，贷款成功率较低。

为积极落实国家及地方基建补短板和新型基础设施建设项目相关政策要求，许多银行出台了专项支持政策。例如，2020年，中国农业银行出台《"新基建"全方位服务方案》(以下简称《方案》)，全面加强新基建金融服务。该方案聚焦新基建领域多元化融资主体，通过打造"一体化营销、差异化信贷、多样化投资"三个体系，制定了全方位、分层次的金融支持策略。山西省发展改革委联合六大银行支持新基建项目。国家开发银行山西省分行设立了2500亿元制造业专项贷款，贷款支持的中上游企业均为新基建企业，围绕新基建项目全生命周期，提供差异化、针对性金融服务。

企业层面：统筹运用自有资金、政策性贷款及财政资金推动项目落地

数字经济发展背景下，国有企业、大型龙头企业基于自身数字化转型、行业大数据战略布局以及产业数字生态的发展需求，主动参与新型基础设施建设项目的运营。企业在参与新型基础设施建设项目的过程中，主要依赖自有资金及市场化融资手段，同时需要积极寻求政府、金融机构的专项政策支持。

其他融资模式：产业投资基金、保险资金参与新型基础设施建设

产业投资基金通常包括创业基金、政府性产业基金和 PPP 基金，投融资模式灵活多样，包括股权融资模式、债权融资模式以及"股+债"的投融资模式，对产业投资具有一定的引导作用。产业投资基金可以参与新型基础设施建设项目的建设运营，但目前其应用尚未广泛，市场占有率较低。主要原因包括期限错配、自身资金成本较高及收益率要求较高等因素。

保险资金总量增长较快，配置股权资产动力较强。保险资金具有投资周期长的特点，可以充分匹配新型基础设施项目建设周期，满足项目的资金需求，且对收益率要求不高。然而，保险资金通常风险承受能力较低，对项目和融资主体的要求较高，对担保和增信的要求也较高，因此在新型基础设施建设领域内的应用案例较少。

优化生态，打通投融资"最后一公里"

完善配套投融资制度，打通政策堵点

目前，我国在新型基础设施建设的投融资领域还缺乏完备的政策支撑体系。以 PPP 项目为例，其涉及领域广、参与主体众多，且退出机制不明确，这在一定程度上影响了 PPP 项目的进一步推广。当前，PPP 相关法律尚未颁布，主要依靠部门规范性文件进行指导。然而，这些规范性文件的法律层级低，且互相之间存在冲突，难以对社会资本形成可靠保障。此外，规范 REITs 的法律法规尚不健全，目前只能借鉴《中华人民共和国信托法》《中华人民共和国公司法》《中华人民共和国证券法》《中华人民共和国证券投资基金法》等法律法规。参考法律的不统一在一定程度上限制了 REITs 的发展。建议加快完善新型基础设施建设领域的投融资制度体系，打通项目投融资的政策堵点。

创新投融资模式，拓宽融资渠道

根据市场及项目需求，综合运用多种投资运营模式，包括股权融资、债券融资、政府投资基金、财政补贴等模式，如表 1.6 所示。探索运用保险基金、社保基金、养老金等长期性权益性基金解决新型基础设施建设

运营的资金不足问题，改善投融资领域存在的期限错配现象，从而推动新型基础设施建设稳步发展。

表1.6 各类新基建适宜的投融资方式

新基建类型	特点	投融资模式
信息基础设施	产业属性强，具有高风险、高收益特征	投融资主体以企业为主，适用于风险投资、私募股权、产业引导等创新股权投融资模式
融合基础设施	公共服务属性较强，具有低风险、低收益特征	较依赖政策支持或政府补贴，因具有固定资产可抵押物，可获得资金来源包括自筹资金、财政资金、专项债和银行贷款等，以债权融资为主
创新基础设施	具有强公益属性，具有开发周期长、技术迭代快、成果和收益不稳定等特征	前期主要依赖政府资金、财政补贴等，适用于产业引导基金配合社会资金或开发权益类创新金融产品的投融资模式

第二章 数字技术赋能传统经济高质量发展

Chapter 2

党的二十大报告指出，要加快发展数字经济，促进数字经济和实体经济深度融合。近年来，随着数字经济向纵深发展，数字经济与传统经济的融合程度日益加深，已经成为推动传统经济转型升级的重要引擎，对于经济增长的带动作用愈发明显。中国信通院数据显示，2023年我国数字经济规模已达到53.9万亿元，其中产业数字化规模为43.84万亿元，占GDP的比重超过三分之一。从产业领域来看，随着农业、制造业、服务业的数字化转型进程不断加快，诸多数字化应用场景在产业领域得到检验和推广，展现出日益增强的经济价值、社会价值和管理价值。

2.1 助力农业现代化

《"十四五"数字经济发展规划》指出,要大力提升农业数字化水平,推进"三农"综合信息服务,创新发展智慧农业。当前,新一代信息技术与农业决策、生产、流通交易等深度融合,形成了新型农业生产模式与一系列综合解决方案。一方面,数字技术对农业生产进行了全流程跟踪式检测、管理,以数据流驱动技术流、资金流、人才流、物资流相互融合,提升了农业生产的数字化和绿色化发展水平。另一方面,数字技术打通供需连接通道,构建了快速、高效、精准的农业产供销生态系统。同时,农业数字化发展也面临着基础设施、人才、智能机械普及等方面的挑战和问题。

农业数字化转型的主要场景

新一代信息技术的快速发展夯实技术底座

5G、人工智能(AI)、大数据、云计算、边缘计算、物联网(IoT)等数字技术让农业作物监测、精细化育种和环境资源按需分配成为现实。其中,5G技术保证了农业大数据的实时、高效传输；物联网技术保证了农业大数据的完整收集；云计算、边缘计算技术提供了大数据分析处理的海量算力；人工智能技术提供了数据模型的智能分析、管理和决策。这些技术共同构成农业数字化的技术底座。

构建全域数字化农业生产赋能体系

在大田种植、农业工厂和养殖等领域，数字服务企业提供了计算、存储、安全的基础云能力，以及AI种植模型、AI养殖模型、农业物联网平台、空间遥感监测和数字孪生平台，助力农业生产实现种植规模化和标准化。AI饲养实现了疾病预防、提高肉奶产量，助力生产提质增效。此外，数字技术还加速了都市农业、认养农业的发展，推动了农业生产和供给创新以及消费创新，创新了农业的运营模式，促进农业增收增效。

构建全供应链、全价值链的农产品数字化流通服务体系

通过构建私域流量，建立数字空间的销售流通渠道，助力农产品品牌提升和运营提效。搭建细分领域的数字化供应链平台，发展数字化供应链服务，并通过产品包装、IP形象设计等方式促进品牌孵化。此外，提供产地溯源平台，搭建由MCN机构、电商平台、社区渠道组成的全网数字化营销网络，从而提升农业市场经销管

私域流量： 企业通过自有渠道沉淀的用户资源集合，依托社群、小程序等实现与用户直接触达和高频互动，具有低成本复用与精准运营的特点。

MCN机构： 整合内容创作、达人孵化、商业变现等资源的专业组织，通过系统化运营提升创作者影响力并对接品牌合作，推动数字内容产业商业化发展。

理水平和农产品的议价能力。

提升农业数字化治理和产业公共服务能力

在农业企业内部管理优化方面，推进组织与经营数字化转型、企业数字化升级，助力企业降本增效。在农企云、软件即服务（SaaS）、管理协同、产品安全、IT运维管理等应用场景中，运用数字技术实现运维更轻松、费用更节省、安全更有保障。在农业产业治理和服务方面，数字技术可帮助盘点农业产业资源、提升产业发展规划水平、加强城乡产业发展协同度、促进农村一二三产业融合发展。

产业空间大与发展基础薄弱的双重特征

优势：广阔的产业空间

市场调研公司 Precedence Research 分析，预计到2030年，全球智慧农业的规模将达到433.7亿美元，2022年至2030年的复合年增长率为10.2%。

智慧农业的产品主要包括硬件设备及系统（暖通空调系统、LED植物生长灯、阀门、泵、传感器、控制系统）、传感器设备（土壤传感器、水传感器、气候传感器）、软件（基于网络软件、基于云端软件）、服务（数据服务、分析服务、农场经营服务、供应链管理服务、气候信息服务、系统集成与咨询服务、维护与支持服务、管理服务、辅助专业服务）等。目前，精准农业应用占据农业数字化的主要市场，智能温室应用则是增长最快的细分市场，软件应用在农业数字化市场中也在快速增长。

堵点：基础设施薄弱、数据要素流通不畅

在新技术应用方面，存在投入建设成本高、专用设备特别是专用芯片匮乏、配套设施不完善等问题；在智能设备方面，存在设备技术应用程度不高、标准不完善、运维成本高等问题。例如，智慧农业高度依赖先进机械，如传感器，而中国市场中的传感器存在后期维护成本高、使用寿命较短等问题。尽管智能设备能够大大提高生产效率，但在单位面积内难以带来显著经济效益。

在农业数据要素开发利用方面，同样面临诸多挑战。农业大数据收集的准确性不高，信息共享和信息利用效率较低、应用质量也较差。例如，尽管农业物联网平台和传感器已经得到广泛应用，相关企业和研究机构搜集了大量农业数据，但各地区和部门农业数据差异较大，尚未形成完善的信息资源标准体系。因此，大量的农业信息资源难以实现有效分类、整合以及共享。

难点：农民群体信息科技能力水平有待提升

农村地区的产业具有小规模经营、老龄化、大范围兼业等特征，这使从业人员难以理解数字技术、无法在农业数字化方面投入足够精力，从而给农业技术的推广与应用、生产方式的变革带来更大的挑战。

从劳动力兼业结构来看，纯农户、高度兼业农户的比例不断下降，而非农户的比例不断上升。从人口特征来看，我国农村地区的年轻劳动力向城市流动，而剩余劳动力自身条件较差且长期处在相对封闭的环境，缺少对现代信息化技术的了解。

此外，大多数农民接受教育的年限较短，文化程度不高，缺乏与数字技术相关的认知能力，不善于通过数字化平台捕捉涉农关键信息，这为智慧农业的推广带来障碍。

加快培育农业数字化转型生态体系

破解应用困境

当前中国农村绝大多数生产领域的数字化转型面临应用困境，转型停留在基础建设、单向应用层面。建议相关部门加大对"数据要素×智慧农业"创新创业项目的支持，鼓励企业积极参与农业数字技术的开发与落地之中，促进农村地区多产业融合发展。

由于各地气候条件、污染情况、自然资源和生物多样性存在差异，建议根据不同省份的农业环境情况精准推送农业信息内容，搭建化零为整的农业大数据体系，提供可通用参考的知识经验，并针对产地实地情况开展科学分析与反馈。

推广"AI+农业"模式，推动农业领域向"数字化-自动化-智能化"方向递进升级，有效赋能农业生产全产业链。构建"农业云"管理服务公共平台，整合前沿技术，以科学和自动化手段促进农业产值的提升和行业转型升级。利用物联网、云计算、大数据、人工智能、系统安全和移动平台等技术，打造标准一体化智慧农业互联网大数据信息平台，服务于生产对象、生产资料、生产要素。完善重要农业资源数据库和台账，针对耕地、草原、渔业等农业资源打造"数字底图"。

农业云：基于云计算技术构建的农业数字化服务平台，整合气象、土壤、市场等数据资源，为农业生产、经营、管理提供智能化解决方案与信息支持。

加大农业数字新基建投入力度，推进农业大数据中心建设，加快制定智慧大棚、智慧养殖方案的标准规范，完善行业准入和安全生产标准。充分利用移动互联网、区块链等新技术，加强农业生产、流通全流程把控和安全溯源，保障食品安全。

政府参与

适度超前布局网络基础设施，契合数字时代经济社会的发展特点，亦是政府以"有形之手"改善市场失灵的可行措施。建议各级政府积极牵头，推动农村地区信息基础设施建设工程。可借鉴英国、美国的经验教训：

英美两国过去一段时间内过于依赖市场调节，致使农村地区数字化程度较低。

针对农村与偏远地区网络基础设施建设，建议继续稳步推进"宽带中国"行动计划，全力实现农村通信网络的全方位升级扩容。

加强数字技能培训

可借鉴国际电信联盟（ITU）、经济合作与发展组织（OECD）等机构在提升农村和贫困地区居民数字技能方面的实践经验，研发符合中国实际情况的"数字技能政策工具包"（Digital Skills Toolkit），着力改善农村地区居民基础数字能力，提升农民对数字经济的认知程度。开设数字技能培养课程，并面向农村中老年群体、基层干部、农村教师、乡村医生等开展专门的数字技能培训。

建议在农村地区大力推广各类信息传播工具、平台，结合农村地区的特点和农民的生活习惯，将农业专家与农户沟通的内容进行沉淀和总结，逐步在对应的平台发布涉农信息，为农民通过现代信息工具搜寻和获取信息提供便利。

2.2 推动制造业提质增效

习近平总书记就推进新型工业化作出重要指示，强调要完整、准确、全面贯彻新发展理念，统筹发展和安全，深刻把握新时代新征程推进新型工业化的基本规律，积极主动适应和引领新一轮科技革命和产业变革，把高质量发展的要求贯穿新型工业化全过程，把建设制造强国同发展数字经济、产业信息化等有机结合，为中国式现代化构筑强大物质技术基础。制造业数字化转型的核心是传统制造业利用新一代信息技术，全方位推进业务重塑和业态创新，促进产出增加及效率提升，使生产制造更好地满足数字时代经济社会高质量发展的需要。

根据国家标准《国民经济行业分类》，制造业下分为农副食品加工业、食品制造业等31类。在各个细分领域下，数字化转型涉及研发设计、生产制造、经营管理、网络协同、市场服务等不同环节，具有柔性制造、个性化定制、数字孪生等新模式。

制造业数字化转型的主要趋势

柔性制造：帮助企业快速响应市场需求变化

在全球制造业竞争压力不断加剧以及消费者需求日益多样化的背景下，柔性制造作为一种新型生产模式，凭借其高度的灵活性和适应性，展现出显著的竞争力。柔性制造将标准化硬件系统与数智化软件系统相结合，实现了工控系统、制造执行系统、企业资源计划系统之间的高效协同与集成，能够满足大规模定制需求，有效提升生产过程中的敏捷性和适应性，增强精益生产能力，从而帮助企业降低经营风险。

柔性制造的应用领域比较广泛，目前在汽车制造、电子制造、医疗器械、食品包装等领域都发挥出了明显的优势。以汽车制造领域为例，制造商可以通过柔性制造技术，快速调整生产线，生产不同型号和配置的汽车。这不仅帮助汽车厂商在日益激烈的市场竞争中实现快速转型，还推动了技术和产品的快速迭代。

个性化定制：满足不同群体的个性化、多样化需求

传统制造业发展的产业模式遵循边际成本递减规律，通过大规模生产标准化产品达成规模效应，实现投入产出比最大化。然而，这种模式在满足个性化、小众需求方面存在不足，一些市场空间相对有限的细分领

域，缺乏市场经营主体的长期投入和专业深耕。

长尾生产是一种重要的个性化定制模式。它借助产业互联网平台和柔性制造系统，具备个性化、小批量、快速生产的特点，能够有效覆盖传统大规模工业生产模式难以触及的小众市场，增强优质新型产品的有效供给，满足不同群体的多样化消费需求。此外，长尾生产契合生产性服务业社会化、专业化发展的要求。它有助于发展技术支持，提供设备监测、保养、维修、改造、备品备件等专业化服务，提升设备运行质量，促进远程检测诊断、运营维护、技术支持等售后服务新业态的孵化和培育，对有效提升制造业的服务质量具有重要意义。

数字孪生：保障安全和提升效率

在制造生产过程中，数字孪生契合了少人化、无人化的环境需求和市场发展趋势。在港口、矿山等这类相对封闭的场景中，随着自动驾驶技术的快速迭代，让安全员下车和港口龙门吊、岸桥、抓料机、矿山矿卡、挖掘机、电铲等设备操作员离开作业现场的驾驶室，成为保障作业安全和实现自动驾驶商业闭环的关键。

例如，在某矿山企业，腾讯采用腾讯云无界 5G 远控方案，实现远端画面实时再现和低时延实时响应；利用数字孪生技术，在数千公里之外的办公室模拟现场驾驶环境，实现对远端矿车的实时操控，并向具有裸眼 3D 的

> **数字孪生**：通过数字化建模技术构建物理实体的虚拟镜像，实现虚实交互与状态同步，用于产品设计、生产运维、城市管理等领域的全生命周期模拟与优化。

驾驶体验拓展。这不仅解决了安全问题，还提高了工作效率，实现了安全员一人多车并可以在工作中做到灵活切换。

制造业数字化转型面临三重困境

关键技术自主可控水平不高

我国作为全球制造业第一大国，制造业数字化转型正处于蓬勃发展的阶段，部分企业已在细分领域形成了较强的国际竞争力。然而，我国在关键核心技术、元器件、基础材料等方面仍存在诸多短板，原始创新能力有待提升，重大原创成果相对不足，高端芯片、传感器、工业软件等部分关键核心技术尚未完全实现自主可控。我国制造企业自主技术工艺软件化水平较低，尤其缺乏技术工艺的系统化组织管理，存在性能不足、安全性和稳定性欠缺等问题，面临一定的网络安全风险和运行可靠性挑战。

多重数字鸿沟难以弥合

电信运营商、实体企业、互联网企业之间的行业壁垒较高，融合难度大。一方面，制造业企业难以精确定位并传递转型需求；另一方面，运营商和互联网企业等数字化服务商对实体企业业务及工艺流程的理解，以及技术产品和解决方案的提供，均需要较高的时间成本和

> **数字鸿沟**：不同地区、群体在数字技术接入、使用及创新能力上的显著差异，表现为网络覆盖、设备操作、信息获取等方面的不均衡，需通过政策干预促进数字技术的普惠发展。

人力成本。

标准融合问题突出。制造业数字化转型涉及企业内网、外部公网以及大量设备的数字化、网络化及智能化改造。然而,当前工业系统平台接口形式多样且标准不统一,导致数据开放共享机制不完善,数据难以在跨业务、跨链条、跨部门之间顺畅流转协同。此外,很多现有设备缺乏外部通信连接和数据共享标准接口,或者设计接口非标准化。这不仅加剧了不同行业、地区、群体之间的数字鸿沟,还导致对采集工业数据的深度开发利用能力不足,数据资源的价值潜力亟待挖掘。

目前,一些制造业数字化实践与物流业、金融业融合难度较大,导致实现信息流、资金流和物流"三流合一"面临困难。以工业互联网平台为例,部分平台由工科背景人员搭建,仅涉及制造流程,缺乏对物流与资金流的考虑。

复合型人才缺乏

制造业数字化转型作为新一代信息与通信技术、工业技术的高度融合,不仅要求从业技术人才能深入了解各行业设计、生产、加工等流程,还要掌握人工智能、云计算、大数据等新一代信息技术,具备全方位、立体化的综合技能体系。

当前,我国适应产业互联网发展的高端专业人才供需矛盾较为突出。从业人员大多具备单一的工科背景或计算机背景，其知识技能与当下的产业发展速度和方向不匹配，复合型、创新型、高端化人才储备明显不足，人员的数字素养和技能有待提升，工业大数据开发创新能力亦显不足。

加快构建数字化转型支撑系统

聚力突破，加快制造业数字化转型技术攻关

在补齐短板方面，应以强大的国内市场为依托，充分利用国家科技重大专项、核心技术攻关工程等专项资源，聚焦"卡脖子"问题，引导骨干企业加快突破高端核心器件、工业软件、平台架构等核心技术，提升自主研发水平。鼓励行业领先企业、科研机构、互联网企业通过建立跨界应用创新中心、产品研发中心等方式，联合开展核心技术攻关研发及应用推广工作。同时，大力支持重点行业、重点企业开展试点示范和协同创新中心建设，探索不同领域制造业数字化转型的行业性解决方案，构建可复制、可推广的融合应用推进机制。

综合施策，优化对重点企业和数据安全的政策供给

加大对制造业领域的链主企业、龙头企业、专精特新企业的政策支持力度，从财政税收、投融资、人才、国际化等方面进一步完善和深化制度安排和政策创新。

加强国家级投资基金与科技初创企业合作，培育细分领域的数字化产品和服务供应商。设立企业数字化转型基金，引导数字化转型供应商提供普惠性、通用型数字化产品和服务，助力打造千行百业的数字化产业链。加快完善信息及数据安全保护法律法规，加大对违法违规行为的惩处力度，增强数据主动监测预警、防护和处置能力，提升公网的安全水平，构建协同联动的安全防护体系。

培育人才，打造可持续发展的人才梯队

加强复合型人才培养，在大学教育中增加对产业学科、互联网学科和金融学科的复合教育。积极推进大学双学士、双硕士培养模式，鼓励在校学生跨学科攻读硕士及博士研究生学位，并适当放宽相关门槛。建立高校与各行业企业联合培养基地，拓宽人才培养渠道，健全人才培养机制，深入推进教育部产学合作协同育人项目，推动以企业为核心的"产学研"联合体建设。加强核心技术骨干和带头人的引进，引导和支持制造业企业开展数字化转型技能培训。

2.3 促进服务业孕育新型消费业态

2023年年底的中央经济工作会议指出,要激发有潜能的消费,培育壮大新型消费,大力发展数字消费、绿色消费、健康消费,积极培育智能家居、文娱旅游、体育赛事、国货"潮品"等新的消费增长点。在消费互联网领域,我国形成了完整的数字化产业链和成熟的商业模式。在消费互联网的带动下,我国服务业数字化转型取得了显著成就。

中国信通院数据显示,2023年我国服务业数字经济渗透率为45.63%,同比提升0.91个百分点,约是第二产业数字经济渗透率的1.8倍、第一产业数字经济渗透率的4.2倍。下一步,亟须打通发展堵点,畅通数字消费市场的经济循环,秉持包容审慎的政策理念,拓展新型数字消费,在供需两侧助力服务业数字化转型加速推进。

数字技术推动形成消费新格局

新型消费模式

数字技术、智能终端不断演进,新型消费模式日益丰富。新一代数字技术交叉演进、不断迭代，人工智能、云计算、区块链、VR/AR、5G 等数字技术产业化进程加快，数字技术与服务业领域融合不断加深。

一方面，传统服务业数字化转型势头持续加快，智慧超市、智慧商店、智慧餐厅、智慧驿站、智慧书店等无接触消费模式开始普及，VR/AR 助推"云逛街"等新业态升级；另一方面，新型数字消费业态不断涌现，公共文旅云、智慧文旅平台、数字图书馆、数字文化馆、数字博物馆、云演艺、云展览、数字艺术、沉浸式体验等新型数字文旅业态层出不穷。

新型消费价值观

数字化服务业生态不断完善，新型消费价值不断凸显。基于信任经济的线上数字化服务业生态初步形成，直播电商、小程序电商等新业态与传统电商协同发展。通过盘活供应链、流通链、生产链和销售链，有效提升了全社会生产要素配置效率，数字消费的经济社会价值不断凸显，数字消费红利开始普惠到下沉市场。

农村数字消费蓬勃发展。中国互联网络信息中心公开数据显示，截至 2024 年年底，我国农村网民数量为 3.13 亿，农村地区互联网普及率为 63.8%，截至 2022 年年底，已累计建设 2600 多个县级电商公共服务中心和物流配送中心，超过 15 万个乡村电商和快递服务站点。

信任经济：以信任机制为基础的经济活动模式，通过信用评估、区块链存证等手段降低交易成本，支撑共享经济、平台电商等线上服务业态健康发展。

此外，数字化消费工具有效激发了老龄人口消费潜力。公开数据显示，截至2024年6月，我国60岁及以上老年网民数量超过1.57亿，老年群体与其他年龄群体共享信息化发展成果。其中，能独立完成购买生活用品和查找信息等网络活动的老年网民占老年网民总数量的比例分别为52.1%和46.2%。

消费市场空间有待拓展

服务业数字化转型发展基础较好

产业数字化转型的核心在于打通信息流，实现产业全流程的智能协同。第一、二、三产业在劳动力替代成本、数据收集和智能化协同、企业转型动力等方面存在明显差异。

大多数传统服务业属于劳动密集型产业，技术含量相对于第一、二产业较低，劳动力的数字化替代成本也相对较低，数字化转型较为容易。

此外，服务业企业多为轻资产公司，数据主要集中在客户、市场、运营和管理等方面，技术数据较少，数据类型也相对第一、二产业较为单一，这使得各个环节的智能化协同更容易实现。

最后，与第一、二产业在生产过程中的规范化操作不同，交通出行、上门服务、餐饮外卖、物流、医疗、教育等服务业大多是面对面为顾客提供相关服务，客户和企业之间的互动性较强。因此，数字技术对于用户体验的提升效果较为明显，企业数字化转型的动力也更强。

服务业数字化消费结构亟须优化

目前我国线上消费市场仍面临商品消费和服务消费发展不平衡问题，服务消费的类型和规模有待进一步拓展。

首先，线上商品消费整体规模远大于服务消费规模。国家统计局数据显示，2024年，全国实物商品网上零售额超过13万亿元，非实物商品零售额仅有2.4万亿元。

其次，从服务消费的类型来看，现阶段服务消费供给仍处于短缺状态，消费者可享受的数字服务内容有限，网络消费还较多地具有"必需品"的性质。食品、家电、家居用品等实物商品的供给较为丰富，在线办公等服务消费增长速度较快，在线医疗、知识共享、智慧体育、智慧文旅等数字服务供给有待进一步丰富。

现有监管模式与产业发展阶段不相匹配

服务业数字化转型涉及的消费互联网领域是比较成熟且国际化程度相对较高的数字经济领域。得益于我国包容审慎的政策环境和庞大的国内市场，过去二十年我国服务业数字化转型发展势头较猛，与之相伴也涌现出了一批国际化的平台企业。

随着我国数字经济制度体系的不断演进以及国家数据局的成立，推动数字经济、平台经济高质量发展的体制和制度保障愈加完备。然而，在监管协同、数据治理等领域，依然存在大量问题需要进一步研究。

服务业的数字化转型市场是一种全民参与的产业形态和商业形态，参与主体较为多元，比如网约车司机、个体房东、私人厨师等，涉及信用、税收、保险、经营资质、从业资格等诸多问题。政策、法律、技术及社会伦理都是关乎市场健康发展的重要变量。面对多种业态跨界交叉，甚至是全新的行业形态，多个监管部门之间如何有效配合与协同，将对服务业数字化转型的发展空间和市场活力带来直接影响。

激发新型消费市场活力

探索新路径和新模式

科技发展为服务业带来更多转型可能性。建议建立关键数字技术和优势技术的产学研平台和技术交易平台，加速数字技术在服务业数字化转型和消费场景中的应用，在双循环格局中构建数字消费市场的产业闭环和商业闭环。加快可穿戴设备、智能健身器械等新型智能终端产品研发应用，加快数字基础设施和数字化服务保障能力建设，鼓励办公楼宇、住宅小区、商业街区、旅游景区布局建设新型数字基础设施。顺应服务消费发展的新趋势，扩大医疗、养老、文旅、体育等领域数字服务消费规模，进一步打通公共服务领域数据开放共享的政策壁垒，鼓励各类市场主体参与数字服务供给，打造数字消费统一大市场。

数字服务消费：消费者通过网络获取数字化服务的消费行为，涵盖在线教育、远程医疗、云协作等领域，具有便捷性、个性化与技术依赖性等特征。

优化发展环境

建议加强服务业数字化转型中的政策协同，客观评估并谨慎出台对数字消费具有抑制作用的收缩性政策。充分鼓励服务业数字化转型创新，从法律层面确认和设置创新容错机制，在高质量发展和高水平安全的动态平衡中，稳步拓展服务业数字化转型市场空间。

加强监管科技在数字消费监管和产业政策制定中的应用，统筹运用技术手段、行政手段和法律手段，加强数字消费市场的规范和引导，避免运用单一手段调节数字消费市场行为。明确数据监管、产业投资等监管红线，鼓励发展基于数字技术、具有信任经济特征的数字消费新模式，推动形成传统电商与新型电商多元发展的新局面。

第三章

Chapter 3

数字经济发展载体：智慧城市建设运营

智慧城市是将现代信息通信技术与城市传统基础设施有机结合的一种城市发展模式。它以城市智能网络设施为基础，通过感知、分析和整合城市运行系统的关键信息，对各种需求进行智能响应。智慧城市建设运营旨在全面提升城市运营管理效率、提高政务管理水平、推动产业转型升级、激发新兴行业动力，最终引领城市科学发展。

2008年，IBM总裁在演讲"智慧地球：下一代的领导议程"中首次提出"智慧地球"的概念，"智慧地球"迅速成为城市信息化建设的热点话题，并得到了奥巴马政府的积极回应。随着全球城市规模的持续、加速扩张，智慧城市作为一种全新的城市建设模式，正成为城市发展的新制高点。许多国家和地区认识到智慧城市理念的前瞻性和先进性，相继提出了建设智慧城市的战略举措。目前，智慧城市建设已覆盖我国电力、交通、医疗等众多行业，以及政务、商业、生活等多个领域。

3.1 全国智慧城市建设运营总体情况

我国智慧城市发展历程

2008—2014 年：智慧城市进入中国，各地单独开展试点

2008 年，我国启动智慧城市建设试点工程，开启智慧城市发展探索之路。2008—2014 年，国内智慧城市建设主要由各部门、各地方独立推进，呈现相对分散与无序的特点。2012 年，住房城乡建设部发布《关于开展国家智慧城市试点工作的通知》，并于 2013—2014 年陆续公布三批试点工程，试点数量总计达到 290 个。

2014—2015 年：部委协调各地智慧城市建设

2014 年，我国成立了"促进智慧城市健康发展部际协调工作组"，各个条线部门开始协同指导各地方的智慧城市相关建设工程。同年 8 月，国家发展改革委、工业和信息化部、科学技术部、公安部、财政部、国土资源部、住房城乡建设部、交通运输部八部委联合印发《关于促进智慧城市健康发展的指导意见》，将智慧城市建设规划上升到国家战略层面。

2015—2017 年：智慧城市成为国家级战略

2015 年 12 月，中央城市工作会议召开，习近平总书记提出智慧城市应该打破信息孤岛和数据分割。我国智慧城市建设进入到新型智慧城市发展新阶段，智慧城市逐步成为国家落实新型城镇化的重要抓手和顶层设计的重要战略抉择。

2017—2020 年：智慧城市建设上升至新的战略高度

2017 年 10 月，党的十九大提出建设网络强国、数字中国和智慧社会等概念。2018 年 4 月，首届数字中国建设峰会在福州隆重开幕。习近平总书记发来贺信，强调以信息化培育新动能，用新动能推动新发展，以新发展创造新辉煌。随着智慧社会、数字中国等概念的提出与扩展，数字政府、智慧城市建设上升至新的战略高度。

2020 年—至今：全国智慧城市建设规模不断扩大

我国智慧城市建设持续深化，各地结合自身特点推进城市数字化转型。2020 年 11 月，上海市委提出全面推进城市数字化转型。2021 年 2 月，浙江省委召开全省数字化改革大会，全面部署省内数字化改革工作，推动智慧城市发展和落地。目前，中国已打造多个智慧城市群，工程数量全球领先。Deloitte 公司 2019 年发布的《超级智能城市 2.0：人工智能引领新风向》报告指出，中国在建智慧城市数量近500个，占全球智慧城市建设数量的一半。截至2020年4月，各部委公布的智慧城市相关试点数量达到749个。

智慧城市建设运营模式

智慧城市建设是一项复杂的系统工程，具有自上而下、跨部门、跨行业、跨平台、跨层级等特点。

政府主导建设运营

政府管理类、公共基础类、纯公益类等不适宜市场化或者明确缺乏商业模式项目，一般由政府主导建设运营。在投资方式上，可选择财政一次性支付、分期购买赎回等方式。在运营维护上，针对政府运营维护能力不足的情况，一般引入专业运营维护服务机构，按照政府授权开展运维服务。在此种模式下，新型智慧城市建设及运营资金完全来自政府财政预算，包括信息化预算资金或者信息化专项资金。此种模式下外包、政府自建均可，大多数政府方采取外包，少数有建设能力的政府方采取政府自建。

外包一般采用项目换产业模式。地方政府采取外包时，也会兼顾经济利益的最大化，一般聚焦城市重点发展产业，以设置项目模式吸引投资，发展壮大重点产业。例如，将智慧旅游、大数据平台、智慧运营中心

（IOC）等关联项目组合打包，形成有影响力和规模效应的产业工程。可通过引进制造型企业、承接总包项目、政府购买服务等方式，按年向该公司支付费用。引进平台公司需要本地化运营，招聘本地化人才，通过与国内外知名企业合作获得持续的培训，优化本地人才结构，同时引进公司的本地化技术能力，带动产业与经济的协同发展。

政府自建通常采用本地国有资本控股企业的孵化模式。具体而言，由政府主导成立本地化的国资控股公司（如"××大数据集团公司""数字××有限公司""××新基建科技有限公司"），这些公司承担智慧城市项目的投资、建设、开发、运营及维护等全方位职责。它们通过吸引外部知名技术骨干企业参与，结合本地实际需求培育本地信息化专业人才，逐步在本地形成信息化专项服务领域的核心能力，并实现这些能力从孵化、成长到成熟的全过程发展，最终高效完成"智慧城市"的建设与运维任务。

政企合作建设运营

公共服务类、半公益类的准经营性项目，一般由政府与企业合作建设运营，政府和企业确定建设运营的分工和职责。政府重点负责顶层设计、招募合作企业、对具有公共属性服务直接提供资金支持，或通过特许经营方式，开展政企合作建设运营，许可企业开展市场化增值服务为基本公共服务提供补贴。

政企合作建设运营模式一般采取PPP项目融资方式，旨在减轻政府初期建设投资负担和风险，实现社会综合效益最优化。在此模式下，地方政府可以直接分年购买服务，或以土地、文化、品牌、旅游资源作为资本，联合智慧城市运营商、土地开发商、旅游开发商等资源开发性企业，盘活智慧城市的资金来源，引入产业生态开发商投资。由知名企业提供智慧城市项目解决方案的设计、实施，并对运维提供技术支撑，保障产业生态开发实施的效果，支撑智慧产业生态扎根、发展，构建良性的、可持续的产业生态体系。

市场主导建设运营

对于具有明确市场价值的项目，一般由市场主导，政府通过产业政策、财政政策进行统筹引导和布局。企业自主开展智慧城市项目建设，政府则主要侧重于做好市场监管，创造良好的市场环境和市场秩序，出台政策鼓励商业模式创新，引入社会资源进行投资建设运营，充分发挥市场在资源配置中的主导作用。

总体评价：因地制宜，为项目量身定制契合的建设运营模式

相较于建设模式，运营模式对于智慧城市建设而言更为关键。智慧城市建设的成效,在很大程度上取决于运营的效率。在智慧城市项目中,并非所有项目都适合市场化运营,一般公益性的项目仍以政府投资为主,例如城市基础数据库、智慧政务、雪亮工程等。然而,具有经营性及半经营性的项目则可进行市场化运营,例如智慧停车、智慧路灯等。

从智慧城市建设模式来看,PPP模式较为可取。广义的PPP模式包含了上述建设模式中的多种模式,比如第三种模式,也可以说就是政府特许经营的模式,这种模式也是PPP模式的一种。不过,这种模式对于东部及沿海发达城市而言,吸引力相对有限,因为这些地区财政较为充裕。从PPP模式的实施效果来看,有些地方采用PPP模式仅为获取国开行的授信,后期缺乏持续的运营。

从建设主体来看,如果是统筹性建设,关键在于明确代建方。若在政府内部,此类任务通常由具备统筹能力的部门承担,如地方政数局、经信委、发展改革委、科委等。若在政府之外,类似于PPP模式,一般由具有政府背景的国资企业或集团承担,但具体建设实施离不开类似腾讯、阿里巴巴、华为、中电科等大型互联网或信息通信技术(ICT)企业的参与。对于各条线行业的项目,建设主体通常是地方卫健委、公安局、教育局等相关部门。参与建设的企业除了上述头部企业外,各行业内还有众多中小企业。此外,上文提到的建设主体一般也是牵头部门,负责项目招投标及验收等工作。不过,在统筹型建设与分散型建设两种模式中,牵头部门的职责略有不同。在统筹型模式下,除了建设主体外,各委办局还需负责提出相关建设需求并进行验收。

智慧城市建设主体与牵头部门

智慧城市建设主体按照类型划分如下:

(1)智慧城市顶层设计服务商:包括科研院所、IT硬件厂商、大型方案商、专业咨询公司、互联网厂商、电信运营商等。

(2)智慧城市基础架构提供商:以互联网厂商、传统IT厂商、电信运营商、公有云运营商为主。

(3)大数据平台提供商:以互联网厂商、传统IT厂商、大型方案商为主,一些技术领先的创业型公司也有参与。

(4)智慧城市运营服务商:由政府和企业共同成立的第三方运营公司,大型方案商的运营业务子公司(或部门),互联网或IT厂商的运营业务子公司(或部门),电信运营商子公司。

(5)智慧城市投资开发商:投资开发商与其他角色之间保持松耦合的合作关系,传统ISV(独立软件开发商）均有机会扮演智慧城市投资开发商的角色。

具备上述类型中两种及以上能力的厂商，可被称为智慧城市综合服务商，如表 3.1 所示。

表 3.1 智慧城市综合服务商分类表

类别	特点	典型代表
互联网巨头	技术实力雄厚，兼具技术、产品、运营、产业助力等实力	腾讯、阿里巴巴、华为等
央企、国企	财力雄厚，通常采用 PPP 模式，通过投资换取总包项目。项目部分使用自有产品，部分采用分包模式	中国电子、中国移动、中国联通、中国电信等
传统 IT 集成商	以承接分包项目为主，也有做总包项目的趋势	神州数码、浪潮等
地方平台公司	具有地方政府建设运营的主体优势地位，但技术、人员等方面能力较弱，一般采用分包模式，重点进行投融资、管理、运营等	数字××公司、××大数据集团公司、××新基建科技公司等

智慧城市建设牵头部门：

（1）数据局、政数局。

（2）工信局、经信委。

（3）其他机构：人民政府办公室、智慧城市建设领导小组办公室、公安局等。

智慧城市平台类型

当前智慧城市建设中已经投建的平台主要包括 IT 基

础设施、大数据平台、城市运行指挥中心、一网通办平台及其他专项平台，如表3.2所示。对于统筹型的项目，落地的平台主要是具有共性支撑能力的平台。对于各业务条线项目，均有各自系统与平台，这些平台与自身业务紧密相关。从顶层设计角度看，原则上不建议各部门再建设与具备共性支撑能力平台功能相同的平台，否则便是重复建设，又回到"数据烟囱"、应用建设分散的老路。当然，存在特殊情况，对于拥有专网的部门可建设数据中台等项目，但在政务外网范畴内，原则上只能由统筹建设主体进行统一建设。

数据中台：整合企业内外部数据资源的中间层平台，通过清洗、建模、标签化处理形成标准化数据资产，为业务部门提供统一的数据服务与应用支持。

一网统管：依托统一数字化平台整合城市管理资源，实现跨部门数据共享与业务协同的治理模式，通过智能分析与工单流转提升城市精细化管理效率。

表3.2　智慧城市建设中已经投建的平台及特点

类别	特点
IT基础设施	普及程度很高，但利用效率与管理水平有待提升
大数据平台	普及程度较高，一般均实现数据共享交换，但数据综合利用与数据运营有待改进
城市运行指挥中心	普及程度很高，随着"一网统管"理念的深入人心，催生新一轮建设浪潮，逐渐和治理平台融合
一网通办平台	非常普及，面向民众、企业
其他专项平台	各地情况各异，建设侧重点各有不同

智慧城市建设的新趋势

城市数据从"孤岛隔离"到"全域融合"

过去，城市、部门和企业的数据各自存储于独立的服务器中，彼此之间缺乏连接与协同。在新型智慧城市建设中，各政府部门、企事业单位通力合作，在"数据不出域"的基础上实现了从数据孤岛到数据融合应用的转变，在经济社会高质量发展中发挥了重要作用。未来，基于强大的"数字底座"，构建统一的智慧城市数据模型，将实现人、物、空间在平台中的同步融合，使城市运行更加有序、高效、智能。

硬件设施从"单点建设"到"一体规管"

在传统智慧城市建设中，许多城市在摄像头、红绿灯等硬件设施的建设上存在不均衡现象，表现为"单点数据多，全局效果少"。未来，随着数据、IoT、AI等一系列公共服务的数据资产进一步沉淀，这将协助政府更好地进行路面设计和道路规划，有效解决交通拥堵等"城市病"。

城市运营从"条块管理"到"多元互动"

城市空间与应用层之间的"次元壁"正在被打破，政府各部门之间、政府与企业之间、政府与民众之间的数据共享与交互日益频繁。

3.2 智慧城市建设运营中的数据治理

总体而言，智慧城市建设中的数据治理和应用体系建设在发达地区已取得一定成效，普遍成立了专门的组织机构（如数据局、政数局等）进行统一管理与协调。这些地区建设了数据中台、数据资源平台等基础设施，沉淀了核心基础库、主题库、专项库等数据资产及数据标准。各级政府和官员对数字化助力治理能力提升的认识也有了显著提高。

数据应用情况及数据需求

在数据共享方面，我国大部分城市的相关平台仍处于以政府数据共享交换为主要功能的"政务平台"建设阶段。仅有北京、上海、杭州、贵阳、南宁、福州、海口、广州、宁波、深圳等少数城市在平台建设方面重点体现了城市管理和服务的特色，初步建成了"城市级平台"。判断依据主要在于平台功能是以政府数据共享交换为主，还是以城市数据应用为主。

在数据开放方面，只有少数城市的平台上既有普遍开放的数据，也有申请开放或有限开放的数据。

在数据应用方面，城市大数据平台的建设与应用相结合的力度还不够，存在重平台建设轻平台使用的现象。

在数据运营方面，政府、产业和城市的数据资源极其庞杂，明确平台数据资源权属、数据运营开发方面还停留在探索阶段。总体来看，我国城市大数据平台的建设仍处于起步阶段，各地在管理机制、业务架构和技术能力等方面各有优劣，不利于城市大数据平台的长远发展。

地方对于中央部门的数据需求比较强烈。以智慧税务为例，由于各种原因，城市的大数据平台无法获取中央部门的数据，甚至省级部门的相关数据也难以获取，这在一定程度上降低了大城市数据平台的价值。

智慧城市数据治理面临的主要问题

事权和数据不匹配

随着中央和省级政府简政放权及事权下放工作的不断深化，基层政府的行政事项日益增多。同时，按照新时期数字政府建设的思路，条线政务信息系统加速整合，区域智慧城市大系统、大平台统筹建设。基层政府逐渐成为上级信息系统的数据采集端和应用使用端，数据无法留存本地，IT服务依赖上级支撑响应。例如，某东部地级市和西部地级市的信息系统上级统建比例分别达到 85% 和 70%。因此，总体呈现出"两个不匹配"。事项下放和数据上收不匹配，基层政府无法有效开展数据统计和数据分析工作；服务创新和技术支撑不匹配，基层容错创新、中央确认推广是我国政治体制渐进式改革的重要途径，系统统建、数据统收后，大系统、大应用整齐划一、灵活性不足，基层社会治理创新技术支撑不够。

数据治理与应用短板

数据治理存在问题。骨干节点集中存储、统一共享交换服务使城市数据供应链延长、数据处理时间增加。与之相配套的数据质量管理、数据服务等级保障措施未能及时跟上，导致基层上报准确数据但应用回调返回错误数据，数据服务不可用、数据更新滞后等数据治理问题频发。

> **数据质量管理**：运用评估、监控、优化等手段提升数据准确性、完整性与可用性的管理活动，通过清洗纠错及规范流程来确保数据符合业务应用需求。

数据共享交换安全性不足。随着全国范围内数据的广泛共享交换，数据供应链溯源困难，API/库表等原始数据共享交换的安全性不足等问题日益突出。

3.3 智慧城市建设运营中的安全治理

安全隐患分布

智慧城市借助信息和通信技术整合、分析城市运行系统的各项关键信息,从而对民生、环保、公共安全、城市服务、工商业活动等多领域需求作出智能响应,实现城市高效管理与运行。其中,信息的高度集中、融合与互联特性,对安全保密提出了更高要求。经调查研究,主要存在四个层面的安全保密风险。

智慧城市终端感知层:广大市民的安全保密意识不强、防护能力欠缺

尽管物联网、云计算、移动互联和大数据等信息技术是智慧城市的核心驱动力,但终端感知对象仍然是人。在调研中发现,部分市民的安全观念和保密意识相对薄弱,对智慧城市中新技术的泄密风险缺乏了解,对潜在的网络安全威胁也难以察觉,从而产生不设防心理。由于面向大众的专业性、普及性安全保密教育不足,一些民众对智慧城市建设中涉及的敏感信息缺乏必要的底线思维，片面认为这些信息理应公开、无密可保。

智慧城市通信网络层：信息设备的安全防护能力较弱

智慧城市高度集成了多种新形态的信息通信技术，基本实现了任何时间、任何地点、任何设备的接入。然而，由此产生的复杂接入环境和多样化的接入方式，使得其安全保密风险明显区别于传统互联网。一方面，智慧城市建设中涉及的芯片、通信链路、软件系统等诸多关键技术，我国科技界尚未完全掌握。尽管在服务器、交换机等核心硬件上已形成了一定的安全防护能力，但在数据库、虚拟化软件等领域，仍难以排除是否存在"后门"或潜藏"木马"病毒的风险。另一方面，部分智能感知设备，如传感器、智能家电等，缺乏自我保护能力，容易因自身漏洞遭受恶意攻击，甚至被利用发起分布式拒绝服务攻击。

智慧城市服务支撑层：数据信息存在安全隐患

从本质上看，智慧城市是集聚"人类"智慧、赋予"物"以智能，使二者互存互动，以实现经济社会活动的优化。这一特点决定了智慧城市是一个超级数据要素市场，收集并容纳着海量的政务、医疗、社保、交通、服务等各个领域的信息，以此实现多元数据的共享与融合。海量数据在云端集中存储与利用，使数据破坏、数据丢失、数据泄露等安全威胁不断膨胀。云环境下导致的审计困难，使用户难以对云服务供应商的安全控制措施和访问记录进行及时有效的监督。而云服务后期监管的缺位，又埋下了用户数据资源被滥用，甚至敏感信息被窃取等隐患。同时，当信息通过无线网络在智能设备间传输时，极易被干扰、截获或破解，为来自世界各地的网络攻击、数据窃取、假冒身份等行为提供了控制跳板。服务支撑层遭遇网络中断、云计算"失算"等服务瘫痪事故，很容易导致城市管理混乱、运行决策失误，小到影响居民生产生活，大到威胁公共安全与国家安全。

智慧城市应用层：安全防护缺乏顶层设计与政策支撑

目前，我国多个城市开展数字或智慧城市建设，智能家居、路网监控、智能医院、食品药品管理等领域不断涌现出新应用成果。与此同时，却缺乏相应的法律法规来规范应用市场，安全防护方面的顶层设计和各省（区、市）层面的具体指导相对滞后，智慧城市建设还未形成严格规范的监管体系，通常只有建设方和承建方，缺乏监管主体，导致不同地区对智慧城市安全保密的认知把握不一，相关行业主管部门也存在各自为政的现象。部分单位规划设计时未充分考虑保密需求，提供数据时忽略信息公开保密审查，缺乏必要的保密管理措施。

安全治理体系

从智慧城市安全发展来看，我国已初步形成安全政策、产业生态、安全监管、解决方案"四位一体"的治理体系。

多部重要法律法规颁布

网络信息安全和数据安全行业属于高新技术产业和战略性新兴产业。有关部门制定了一系列政策及标准，从顶层设计方面促进国内信息安全行业的发展，并提高智慧城市的网络安全和数据安全能力。

在法律层面，我国已经颁布了《中华人民共和国国家安全法》《中华人民共和国网络安全法》《中华人民共和国密码法》《中华人民共和国个人信息保护法》《中华人民共和国数据安全法》等法律，这些法律让智慧城市的网络安全建设有法可依。

在法规和其他规范性文件层面，《关键信息基础设施安全保护条例》(以下简称《条例》)中所称关键信息基础设施，是指公共通信和信息服务、能源、交通、水利、金融、公共服务、电子政务、国防科技工业等重要行业和领域的，以及其他一旦遭到破坏、丧失功能或者数据泄露，可能严重危害国家安全、国计民生、公共利益的重要网络设施、信息系统等。根据此《条例》，智慧城市很多领域纳入到关键信息基础设施的保护范围内。其他与智慧城市网络安全相关的法规包括《关于加强党政机关网站安全管理的通知》《通信网络安全防护管理办法》《关于加强网络信息保护的决定》《计算机信息网络国际联网安全保护管理办法》《网络数据安全管理条例》等。

网络安全产业形成完整生态

我国网络安全行业经过二十余年的发展,已经形成完整的产业链上下游生态。在智慧城市的网络安全和数据安全产业生态中,传统网络安全厂商仍占据着大部分硬件市场。近年来,腾讯云、阿里云、华为云、天翼云等IT基础设施和云计算技术供应商在智慧城市场景中深入探索,提供智慧城市解决方案及网络安全和数据安全解决方案,以云安全软件为代表的智慧城市安全软件市场份额也在逐步扩大。

随着智慧城市的快速发展,其建设逐步由基础设施向创新型应用深入。基础的安全软硬件逐步建设完善后,智慧城市的安全运营服务成为发展重点,城市级安全运营中心也在中国多个智慧城市快速落地。

多部门开展安全监管

我国智慧城市网络安全监管的主管部门主要包括各级公安、网信、工信、密码管理、数据管理等部门。在各部门协同努力下,智慧城市的信息安全风险整体可控。

公安机关主要依据《网络安全等级保护条例》及相关法律法规，对智慧城市的网络安全基础建设进行监管执法。

网信部门主要依据中央网信办印发的《网络安全审查办法》和《互联网信息服务管理办法》，对智慧城市中对外提供服务的发布内容进行内容安全和业务安全的监管。

工信部门主要依据工业和信息化部印发的《加强工业互联网安全工作的指导意见》，对智慧城市中涉及工业互联网领域进行安全监管。

密码管理部门主要负责网络与信息系统中密码保障体系的规划和管理，查处密码失泄密事件以及违法违规研制、使用密码的行为。

数据管理部门作为政务数据和云基础设施的管理部门，主要对云平台和大数据平台基础设施建设，以及政务数据的共享交换和使用进行合规性监管。

主流厂商积极推出网络安全解决方案

随着大量信息系统和数据的集中，智慧城市面临新的安全威胁。网络安全市场主流厂商不断推出面向云计算安全、大数据安全、物联网安全、移动终端安全的创新型解决方案，扩展并完善了网络安全方案体系，丰富了市场对网络安全解决方案的选择。

3.4 建立智慧城市建设运营保障体系

加强智慧城市建设顶层设计

加强宏观政策引导与协同

科学合理的顶层设计是智慧城市建设的关键。应从落实国家宏观政策出发，结合地方实际需求，统筹考虑目标、关键技术、法治环境、实现功能等各个方面，以高起点、高定位、稳落地为原则开展顶层设计，保障智慧城市建设有目标、有方向、有路径、有节奏地持续推进。同时，根据项目进展状况，不断迭代更新、推陈出新。此外，在韧性城市建设、数据要素市场培育等方面，要做好政策协同和衔接。

> **韧性城市**：具备抵御灾害风险与快速恢复能力的城市系统，通过构建智能感知技术与应急预案，提升应对突发事件的应急管理与可持续发展能力。

完善配套组织保障机制

智慧城市建设运营需要相应的配套保障机制，并充分发挥其导向和支撑作用，确保智慧城市规划建设的协调一致和平台整体效能的实现。应将全生命周期管理理念贯穿于智慧城市规划、建设和管理的全过程。统筹数据资源管理机制，进一步明确数据内容的归口管理部门、数据采集单位、数据权属和共享开放方式，建立国家大数据平台运行管理机制，明确智慧城市建设过程中数据、流程、安全等各项内容。

加强配套资金导向管理

目前，新基建的大部分资金仍主要用于传统基础设施建设，未能充分发挥其导向作用。智慧城市建设作为新基建的重要载体，是城市数字化、国家数字化的重要手段，需要加强资金导向管理。

构建新型治理体系

构建协同智能的新型城市治理体系

构建由城市智慧中枢和边缘智能相结合的生态型智慧城市建设体系，以边缘数据节点和云端低代码平台赋能基础治理实践，实现数据自存、分析自建、应用自创。通过微治理、微服务激活基层微治理活力，推动城市治理从集成管控向多元互动治理转变。

边缘智能：在边缘设备上部署人工智能模型的技术架构，通过本地实时数据处理实现低延迟决策与隐私保护，适用于工业控制、智能终端等场景。

加强数据供应链安全管理

一是构建标准统一、制度规范的数据溯源和服务等级保障体系：探索长效化运作的数据运营新模式，保障数据供应链服务的准确性、及时性和稳定性。二是细化数据安全分级分类管理办法：建立由数据敏感度、数据主体权益、数据使用场景安全构成的多维动态风险智能

低代码平台：通过可视化开发工具简化应用构建的技术平台，降低编程门槛并支持快速迭代，助力企业与开发者高效实现数字化转型与业务创新。

监测模型，动态保障数据流通安全。三是丰富数据共享交换服务形式：提供数据沙箱、聚合标签、数据空间等新型产品和服务，在保障数据安全的前提下满足基层数据使用需求。

> **数据沙箱**：独立隔离的测试环境，允许在不影响生产系统的前提下验证数据处理逻辑、算法模型及合规性，降低数据应用开发的试错风险。

加强智慧城市规范管理

坚持顶层设计与安全保密同行

一是从搭建国家智慧城市标准化管理体系入手，全面总结智慧城市试点经验，推进智慧城市安全保密的顶层设计，完善各项制度建设，自上而下做好安全保密的整体布局与规划。二是建立健全智慧城市安全保密组织体系，由各级政府牵头，联合相关部门成立专门的议事协调机构，制定工作规则，明确工作目标、职责与任务分工，确保各方面合力抓好智慧城市安全保密建设。

深入抓好保密教育

一方面，要注重全面宣传，将智慧城市建设安全保密教育纳入保密宣传规划，将其作为全民保密普法教育的重要内容，推动其进机关、进企业、进学校、进社区，切实强化各级人员的保密意识，做到智慧城市信息安全人人知晓、人人践行。另一方面，要注重从点上发力，业务主管部门可利用新媒体技术开展常态化的主题宣传，针对不同人群制定教育培训计划，提升智慧城市建设参与单位及相关人员的保密素养，层层落实保密要求。

加强日常监管压实保密责任

一是开展智慧城市涉密信息、敏感数据和隐私保护等课题研究，组织全方位的安全审计、风险评估与隐患分析。二是逐步建立智慧城市数据分级分类管理体系，明确数据标识赋码、科学分类、风险定级、数据脱敏以及去标识化等技术实现方法，强化信息脱密和敏感信息保护的双重规范。三是保密行政管理部门要会同有关机构健全智慧城市信息安全保密监管机制，明确监管主体与责任，制定配套的管理措施，如实行登记备案制、建立各项应急预案、定期检查保密制度执行和人员管理情况等，通过严格的监管，确保智慧城市建设压实日常保密管理责任。

> **数据脱敏**：对敏感信息进行去标识化处理的技术手段，通过掩码、泛化、加密等方式保护数据隐私，同时保留数据用于分析、共享的业务价值。

构建保密技术防火墙

一是结合实际研究制定智慧城市信息安全保密建设标准，构建统一规范的安全保密技术防护体系。在项目建设和设备选型时选用可靠产品，确保智慧城市关键基础设施整体安全可控。二是加大技术创新投入，鼓励和引导科研机构及具有保密资质（格）的单位承担智慧城市信息安全保密规划和建设任务，强化技术支撑体系。三是探索开展智慧城市信息安全系统检测、认证和风险评估，确保全体系、全系统安全运行。

3.5 推动实施五类高质量发展工程

当前,数字经济已上升为国家战略,并成为大国竞争的重点领域。从我国数字经济发展现状来看,数字经济对于经济社会产生了系统性的深远影响,推动我国经济发展产生质量变革、效率变革和动力变革。以智慧城市建设为契机,统筹推进重大工程项目,可以在多方面提升数字经济发展质量。从市场要素配置层面来看,其促进了资源优化配置,提高了信息流、资金流、物流、人流的优化配置;从宏观经济层面来看,其创造了新投资、新消费和新贸易,推动了GDP增长;从产业和行业层面来看,其推动了服务业、工业、农业的转型升级;从就业层面来看,其创造了灵活就业的新就业形态,提供了新的就业机会;从企业层面来看,其推动企业数字化转型,帮助企业优化经营决策、生产运营、内部治理,并依托大数据技术获取供应链融资;从政府治理层面来看,其在扶贫及乡村振兴、经济转型升级、应急管理等方面发挥了重要作用。

为推动我国数字经济平稳健康发展,助力我国从数字大国迈向数字强国，应统筹运用各项政策举措，全面推进智慧城市建设，形成有利于提升我国数字经济国际竞争力的发展生态。

提升数字化治理和公共服务能力

实施新型智慧城市建设标杆试点工程

在全国范围内选择若干试点地区，大力推进统筹集约、以人为本、协同创新的新型智慧城市建设。强化城市关键共性数字能力的整合与统一赋能，推动城市数字化创新转型，引领城市现代化经济体系和生产方式加速向网络化、数字化、智能化方向发展与演进。推进全域数字孪生建设，推动各级城市CIM（城市信息模型）基础平台建设，建设城市基础数据库，初步形成城市三维空间数据底板，加快行业"CIM+"应用的推广。

实施数字化社会治理能力提升工程

优化升级公共卫生体系，以数字化手段保障重大疾病防控、救治和应急处置能力。强化智慧应急能力建设，构筑全域立体化的灾害风险与安全生产隐患排查体系、预防控制体系，推进传统灾害防控向智能化、智慧化方向转型。打造韧性城市和安全城市，研发智慧城市建设、管理、运营一体化的数字化解决方案，鼓励"公共安全＋人工智能物联网"产业聚集发展。推进智慧城管建设，打造集感知、分析、服务、指挥、监察"五位一体"的智慧城管平台。建立人力资源和社会保障一体化信息平台，促进各业务系统协同运行，实现统一支撑各项人社应用服务的业务体系和公共服务体系。

实施城市码融合支撑平台建设工程

支持区域及中心城市建设基于二维码和云计算的城市码服务应用支撑平台，推动各类信息与服务的有效关联，实现"市民即用户"。推动多种服务场景的线上线下一体化链接，如政务服务、公共服务、第三方服务等，实现"连接即服务"。以应用为牵引，推动多部门数据融合，为共建共治共享提供数据基础，推动城市数字化转型。以城市码为抓手，推动城乡一体化协同发展。

> **城市码**：以二维码为载体的数字化服务工具，整合了政务服务、公共服务与商业应用功能，能够实现市民身份认证与"一码通办"的便捷城市服务。

实施政府数字化转型促进工程

加强数字政府建设顶层设计，大力推进我国政府数字化转型。优化公共服务，改善营商环境，提升行政效能，推进管理创新，不断提升政府在服务、治理、协同等领域的"信息化、智能化、智慧化"水平，进一步增强引领我国数字经济和智慧社会发展的引领作用，为各级政府治理体系和治理能力现代化提供坚实支撑。

实施国家级政务云会议平台建设工程

推广国家级政务云会议平台，畅通政府各部门间沟通协调堵点，提升决策效率。利用云互联网、5G网络等基础设施，提升数字化政府建设和数字化治理水平。

打造数字化园区和数字化产业链

实施产业数字化转型服务中心建设工程

设立区域级、园区级、企业级产业数字化转型服务中心，针对产业集群提供个性化数字化产品、技术、咨询、培训等服务。开展产业集群数据开放共享试点，支持园区企业加快数字化升级。构建数字产业化创新网络，链接园区与多方科创资源，推动共性技术沉淀，挖掘创新应用场景，汇集培训技术人才，加速创新成果转化。建立并迭代升级园区数字化运营体系，提升安全、高效、绿色管理能力，强化高性能计算、人工智能、物联网等产业新基建支撑能力。

实施能源数字化转型样板工程

加快智慧电厂建设。利用 AI、大数据、互联网技术助力传统火电企业建设智慧电厂，提高燃烧效率、降低排放。

推进水利云脑建设。深入贯彻"节水优先、空间均衡、系统治理、两手发力"治水方针，加强水利行业云脑建设，全面深化水利物联网、大数据、AI 等新技术融合应用，提高水利管理体系现代化能力，提升人民群众的幸福感、获得感，推动水利改革全方位发展。

实施碳中和数字化解决方案样板工程。鼓励建立园区及企业综合智慧能源管理系统，实现节能和碳减排。打造综合能源服务生态圈，联合碳交易机构开发碳普惠制项目，构建碳中和宣传平台、碳核查开放平台及碳资产管理系统。

实施交通行业数字化转型促进工程

加快推进交通领域新型基础设施建设步伐。加大交通信息基础设施与融合基础设施的投入力度，实现精准感知、精确分析、精细管理和精心服务。构建综合交通大数据中心体系，建立统一架构的全国交通数据分类分级体系，完善部委、省、市、县分层管理制度。

实施交通大数据融合应用示范工程。推动大数据与综合交通运输深度融合，加快业务整合与数据融合，形成城市级动态数据底座，构建城市交通管理驾驶舱。大力发展共享交通，打造基于移动智能终端、二维码等技术的出行数字平台，实现"出行即服务"。

加快线上教育与线下教育融合发展

实施智慧化家校社共育示范区和示范校工程

开放精准教学、辅导、考评等技术服务场景，建立健全教育相关数据的授权使用机制。鼓励政府、学校和家庭多方参与共建共育,支持家校共育的终端购置、系统平台建设和校内外协同应用创新,全方位推动教育高质量发展。

实施智慧校园建设工程

加强校园视频云联网平台建设,开发学校师生泛在化的混合式教学应用场景,统筹推进一体化、智能化的教学、管理与服务平台建设。加强在线课程开发,探索规模化教育与个性化培养有机结合的创新模式。

实施优质教育数字化普惠工程

建立全国及区域性在线教育融合创新中心和平台,推动优质师资和教学资源的数字化和在线化,实现在线教育的普及应用。针对老少边穷地区,设立在线教育系统建设应用专项资金,通过数字化手段促进教育公平。

实施产教融合发展提升工程

完善校企合作机制,促进产教融合基地与校企合作平台的投资与建设。鼓励探索校企合作办学,深入推进合作育人、协同创新和成果转化。

实施国家学分银行加速建设工程

以数字化手段加速构建完善的全民终身学习体系,推进相关标准、机制与平台建设,促进全民终身学习移动应用创新,形成方式更加灵活、资源更加丰富、学习更加便捷的全民终身学习体系生态,支持学习型社会的发展。

全面推进医疗行业数字化改革

实施医疗信息网络基础设施建设工程

建设医疗健康大数据中心,运用互联网技术加强卫生信息互联互通,实现数据采集网络化、数据分析智能化、数据应用可视化。积极探索医疗影像云应用,制定影像云标准,实现患者历史数据追溯,节约社会医疗资源与成本。

实施医疗服务数字化改造提升工程

支持医保电子凭证在线支付,推动全国三级及以上医疗机构全面实现电子健康卡支付。加强卫生信息互联互通,落实线上实名制就医,配套建立在线处方审核制度。鼓励医疗机构及药品流通机构为患者建立并妥善保存电子病历、在线电子处方、购药记录等信息,实现诊疗、处方、交易、配送全程可追溯,推动信息流、资金流、物流全程可监控。

推进 5G+ 远程医疗示范工程

支持医疗机构与第三方网络平台积极开展远程医疗

服务，促进优质医疗资源的普惠化。推动具备条件的医疗机构开展互联网诊疗服务，拓展线上医疗服务空间。充分发挥互联网医院及互联网诊疗的独特优势，鼓励在线开展部分常见病、慢性病的复诊及药品配送服务，降低其他患者线下就诊的交叉感染风险。

培育壮大新模式新业态

实施移动工业互联网建设工程

打造下一代移动工业互联网平台，构建由多个平台、多方参与、多种技术组成的"共享与协同"工业互联网生态共同体。

实施工业互联网协同创新与应用工程

鼓励行业龙头企业和平台公司为中小企业提供"工业互联网+安全生产"解决方案，进一步降低生产成本。建立移动工业APP专项投资补贴机制，实施试点示范项目，支持企业开发和运用移动工业APP。建立资本、生态与产业的"连接器"，围绕工业制造的研、产、供、销、服等环节，形成多行业解决方案，促进创新创业企业与资本、生态与产业的充分链接，推动创新技术的商业化落地。

实施工业互联网大数据及工业AI普及应用工程

加大各地工业互联网、工业云基地的建设力度。建立完善工业数据汇聚、开放和共享使用的激励机制，构建完善工业大数据公共服务平台和各工业子行业的基础数据集，促进各类企业和机构接入共享数据与算法。设立工业智能化资金及人才帮扶机制，加快工业企业智能化转型升级。

实施"AI+农业"推广应用工程

推动农业领域向数字化—自动化—智能化方向递进升级，有效赋能农业生产全产业链。构建"农业云"管理服务公共平台，整合前沿技术，以科学化和自动化手段促进农业产值提升及行业转型升级。利用物联网、云计算、大数据、人工智能、系统安全和移动平台等技术，打造标准化一体化智慧农业互联网大数据信息平台，服务生产对象、生产资料、生产要素。完善重要农业资源数据库和台账，针对耕地、草原、渔业等农业资源打造"数字底图"。加大农业数字新基建投入力度，推进农业大数据中心建设，加快制定智慧大棚、智慧养殖方案的标准规范，完善行业准入和安全生产标准。充分利用移动互联网、区块链等新技术，加强农业生产、流通全流程把控和安全溯源，保障食品安全。

实施数字乡村治理试点工程

构建"农业云"管理服务公共平台，提高乡村治理、社会服务和政务服务的信息化水平，提高涉农服务效率。

实施智慧传媒新业态新模式培育工程

加强新一代视听技术、信息技术在传媒领域的深度融合应用，实现智慧媒体服务业态多元化、内容供给品质化、媒体生产一体化、网络传播泛在化、终端载体智慧化、监测监管精准化、科技创新自主化。建立健全广播电视+"政用、民用、商用"模式，形成广播电视与各行各业融合发展新格局，培育泛在信息视频化的新业态。开通4K/8K超高清频道，推动5G高新视频落地应用，拉动媒体产业链，引领新消费。推动中央级、省级和有条件的地市级媒体机构实现IP化、云化、融合化、智慧化，形成传媒机构协同发展新布局。

第四章
Chapter
4

企业数字化转型的底层逻辑与成效评价

随着移动终端的广泛普及、信息基础设施的快速推进、大数据以及人工智能等新一代信息技术应用场景的日益丰富,移动互联已进入社交互联新阶段。基于用户的平台经济迅速崛起,并朝着为各行业创造价值的新型互联模式发展。数字技术的普及与平台经济的发展不仅对经济增长、经济转型升级、就业等宏观经济领域产生了深远影响,而且对生产要素配置、市场交易、信用关系等微观经济领域带来革命性变化。数字时代,传统企业需要重新思考商业逻辑,构建新的商业模式,主动融入产业互联网生态,依托平台经济的势能提质增效,不断提升企业创新能力和产业链影响力。

4.1 企业数字化转型的背景和驱动力

我国企业数字化转型整体进程较慢

企业内部转型模式多为自上而下

从现实情况来看,企业数字化转型计划大多由首席执行官、首席营销官、首席数据官或首席技术官负责制定和推动。海德思哲和科锐国际联合发布的《从蓝图到伟业:中国企业数字化转型的思考与行动》报告指出,64%的受访者将自己企业的首席执行官视为数字化转型的"积极推动者";针对中层管理人员和一线员工,将其视为数字化转型的积极推动者的比例分别为16%和12%。企业基层员工缺乏对于数字化的深刻认知,数字化转型与基层业务融合较为薄弱。

国有企业数字化转型进程不及预期

国有企业既是数字化转型的集团军,又是数字化转型的排头兵。当前绝大多数国有企业已开启数字化转型进程,但是仍处于起步或初期转型阶段。腾讯研究院针对60余家央企的调研数据显示,绝大多数受访者

（71.1%）认为所在企业尚处于数字化转型启动阶段。对于数字化转型的成效，近半数（50.4%）的受访者认为所在企业目前处于数字化转型初期，尚未取得明显成效；两成以上（23.6%）的受访者认为所在企业在数字化转型中遇到障碍，正在努力寻求突破。

数字化转型有效提升中小企业竞争力

我国大多数中小企业采用粗放式发展模式，生存能力较弱、平均寿命较短，在经济环境中处于弱势地位，受宏观经济的影响较大。我国中小企业具有"五六七八九"的典型特征，贡献50%以上的税收、60%以上的GDP、70%以上的技术创新、80%以上的城镇劳动就业、90%以上的企业数量。然而，受宏观经济影响，中小企业的营业收入普遍出现严重下滑。在传统经济增长乏力的背景下，数字经济展现出较强的抗风险能力以及巨大的增长潜力。对于广大中小企业而言，进行数字化转型升级、拥抱数字经济是明确的创新变革方向。IDC公布的调研数据显示，成功开展数字化转型的中小企业取得了明显进步，销售额和员工工作效率提高了50%。

三个重要驱动因素：科技、市场和产业链

科技发展为企业带来更多转型可能性

AI、区块链、云计算、大数据、物联网等新一代

信息技术，具有开放性、分布式、灵活性以及可对接性等特点。然而，这些技术难以与传统企业的隔离性、集中式、单一线性架构兼容，难以推动企业重塑其组织形式。数字技术的发展要求企业从万物互联的角度重构技术系统和业务系统，同时保障安全性，注重合规问题。

传统企业客户的新需求推动企业转型

企业目标客户群体的网络属性逐步增强，触达客户的渠道逐渐线上化。客户群体越来越看重体验的简单化、直观化、时效性等特点，这要求企业对用户侧投入更多精力，颠覆传统企业以产品为中心、围绕产品展开业务的思维模式，在数字化转型中真正贯彻以客户为中心的战略导向。

传统细分领域数字化带动全产业链数字化

我国数字技术与传统行业的融合主要聚焦于产业链中的部分细分领域，如下游端用户的场景开发、上游端供应商的撮合平台。与传统企业的产业链模式相比，科技互联具有降成本、增收入、提升体验等优势。未来，随着仿真研发、共享生产等模式的进一步普及，全数字化产业链可为传统企业数字化转型提供平台和发展机遇。

数字化转型支撑体系和财政金融支持模式

建立企业数字化转型支撑体系

建立并迭代升级企业数字化转型支撑体系，强化高性能计算、人工智能、物联网等产业新基建支撑能力。支持龙头企业、互联网企业、金融机构和政府联合建设数字化转型服务中心，创新服务产品和服务模式，针对产业集群提供行业定制化的数字化产品、技术、咨询和培训等服务。构建数字产业化创新网络，链接科创资源，推动共性技术沉淀，挖掘创新应用场景，加速数字化转型和技术创新成果转化。把握数字经济的创新属性和跨界属性，通过创新人才引进政策、教育政策和智力共享政策，构建多层次的数字化转型人才培养体系，培育数字化复合型人才。

创新数字化转型的财政金融支持模式

为积极投入数字化转型的企业提供税收抵扣、政策性贷款及上市融资等方面的政策支持，引导企业通过数字化转型提升核心竞争力，帮助中小企业迈过转型的经济门槛。加强国家级投资基金与科技初创企业合作，培育细分领域的数字化产品和服务供应商。设立企业数字化转型基金，引导数字化转型供应商提供普惠性、通用型数字化产品和服务,助力打造千行百业的数字化产业链。统筹运用政府采购、专项债、企业技术改造资金等政策工具,加大对企业数字化转型的资源投入强度和政策工具创新。

4.2 企业数字化转型的四重挑战

数字经济新逻辑带来新挑战

在传统工业经济时代,生产要素主要包括土地、劳动力、货币和机器,基本单元是工厂,基础设施主要是铁路、公路和电网,企业扩大再生产的方式是资本积累。在数字经济时代,生产要素主要是数据,基本单元是产业生态,基础设施主要是互联网、物联网和数字化通信,企业扩大再生产的方式是知识和数据的积累。传统企业要搭上数字经济的便车,必须依赖数字技术重塑其发展逻辑,通过数字技术,企业可以降低交易成本、管理成本、财务成本等各类成本,提高资源配置效率、运营效率和劳动生产率。如果数字经济要发挥好支撑经济高质量发展和企业转型升级的新动能作用,必须加快拓展新型基础设施的覆盖范围。从解决实体企业成本、效率、创新和安全问题的角度出发,推动企业超越消费互联网的单维度经营理念并调整投资偏好和组合,从而突破创新困境和市场瓶颈,提高运营效率和风险抵御能力。

长期收益与短期收益难以有效平衡

在数字化转型过程中，传统企业面临的困难虽不尽相同，但短期的数字化转型成本压力是横亘在企业面前的一个现实问题。企业的数字化转型需要付出成本和代价，例如，提高科技能力以提升业务智能化水平、改善连接方式以创造全新的客户体验、融入数字生态体系以应对平台企业的挑战与竞争、打破组织壁垒以推行数字文化、运用数据驱动以重塑商业场景和供应链、优化员工结构以适应数字化转型的要求。若不从以上方面进行系统的数字化改造，数字化转型的效果将大打折扣。数字化转型的成本有些是显性的，可以在财务报表上反映出来；而有些隐性的成本则需要企业改善其基因以应对创新的挑战，这些成本在短期内也会影响企业对数字化转型的决策以及对转型效果的客观评估。特别是对于地方的传统企业而言，若因数字化转型而引发结构性失业问题，公共部门对数字化转型的支持力度和积极性也会大为减弱。

企业规模与发展阶段影响显著

当前，我国各行业的数字能力建设整体处于初级阶段，但是行业内不同规模和不同发展阶段的企业在数字化转型程度上分化显著，行业内的数字鸿沟依然普遍存在。Accenture 公司的研究报告显示，数字化转型的领军企业已经与行业内其他企业拉开较大差距，特别是在冶金、化工建材、快速消费品、医药和传统零售等领域。这些领军企业基本属于传统行业内的头部企业或第一梯队，其资产规模和市场规模较大，产业链整合能力较强，通常拥有稳定的高素质管理团队，并对市场和客户有深刻的理解。在数字化转型过程中，这些企业在行业痛点分析、数字化转型方案的系统性设计以及财务风险把控能力等方面均具有明显优势。与此同时，大量处于行业第二、第三梯队的企业由于资产规模和市场份额较小，加上社保、税收、融资等制度性成本较高，生存压力普遍较大，缺乏成熟的战略思考能力和风险防控能力，对数字化转型的趋势仍处于被动适应的态势。

中小企业数字化服务和产品供给不足

中小企业顺利开展数字化转型离不开强大的数字化服务产业的支持。在大量中小企业自身缺乏足够的数字化转型能力的情况下，需要进一步扩大普惠型数字化产品及服务的供给能力。相关数据显示，中国中小企业数字化升级的配套服务行业整体保持高速发展态势。2015 年，该行业市场规模仅为 179.4 亿元，2019 年已突破千亿级规模，但与先进国家相比，整体供给仍存在较大差距。美国几乎所有企业（约2000万家）都已实现信息化，同时美国厂商还为全球约3000万家企业提供信息化服务。

4.3 企业数字化转型的价值效益评估

数字化升级是企业在数字经济时代的必然选择,关系到企业能否抓住数字中国的政策红利、技术红利和数据要素红利,能否全面提高企业的全要素生产率和核心竞争力,从而做强做优做大主营业务,并找到可持续发展的第二增长曲线。然而由于受到所处行业特点、成本、数据安全、人才等多重约束条件的限制,企业特别是中小企业面临的数字化升级挑战比较严峻,数字化升级的价值效益也较难评估。

为更好地评估企业数字化升级的价值效益,我们从企业数字化成熟度、企业及行业数字化升级投资回报率（ROI）等维度进行综合分析,提出了一个评估企业数字化升级效益的方法论,旨在为企业制定数字化升级投入策略以及优化公共政策支持措施提供参考。

关键目标：通过数字化升级全面提升竞争力

数字化升级是指利用数字技术对传统业务和生产方式进行转型升级,对企业有着深远的影响。

提高生产效率、质量以及经济效益

数字技术可助力企业实现生产过程的自动化和智能化，减少人力和物力资源的浪费，从而提高生产效率、质量以及经济效益。数字化升级还能够帮助企业实现更加精准的营销和销售，帮助企业实现更好的客户服务和产品体验，提高客户的满意度和忠诚度，提高市场占有率和品牌知名度。

优化供应链和流程

数字技术可助力企业实现信息化管理，优化供应链，提升供应链效率与稳定性，降低供应链成本。数字化升级还能优化企业流程，简化决策与操作流程，增强流程透明度与精准度，减少人为错误并降低成本。

改善企业管理模式

数字技术可助力企业实现信息的共享和流通，提高决策的科学性和准确性。数字化升级还能够帮助企业实现更加灵活的管理模式，从而更好地适应市场变化和客户需求。

推动企业创新发展

数字技术可助力企业实现更加快速和有效的创新，推出更加符合市场需求的产品和服务。数字化升级还能够帮助企业开拓新的业务领域，实现企业的多元化经营和持续发展。

实施方式：数字化技术与组织文化变革

数字化技术变革

数字化技术是指将现实世界中的事物、信息、活动等转换为数字形式，以数字为基础，应用数字技术实现相关业务的发展和管理。数字化技术不断演变和发展，从最早期的信息化、网络化、智能化到区块链化，每一次发展都带来了新的改变和变革。

信息化是指利用传感器、音视频等信息采集设备以及办公自动化软件等工具收集企业在生产经营过程中产生的内容并进行数字化处理。结合数据管理技术，针对不同特点的数据，提供结构化、半结构化及非结构化数据的高效管理。

网络化是指利用通信技术和计算机技术，将分布在不同地点的计算机及电子终端设备连接起来，它们按照约定的协议进行通信，以实现软件、硬件和数据资源在用户之间共享。

智能化是指将传统的机械化和自动化生产转化为基于计算机和现代控制理论的高度自动化和数字化生产。智能化技术主要通过自动化和数字化手段来提高生产效率、降低成本以及提升产品质量。这种技术的发展可以追溯到 20 世纪 70 年代，当时主要应用于生产流水线和工业自动化等领域。然而，由于技术限制和环境条件的制约，智能化技术的应用范围相对有限。智能化技术的主要目标是实现生产过程的自动化和数字化，进而提高生产效率和产品质量。目前，智能化技术的应用已广泛覆盖工业制造、交通运输、医疗保健、金融服务等多个领域。

目前，随着区块链技术的快速发展和应用，数字化技术正在进一步发展为区块链化。区块链技术是一种基于密码学技术的去中心化、分布式账本技术，其安全、透明、不可篡改的特点使其得到了广泛应用。区块链技术不仅可以用于数字货币交易，还可以应用于智能合约、数据共享、溯源追踪等领域。区块链技术的发展，极大地促进了数字化技术的进步和升级。

> 智能合约：基于区块链技术的自动化合约机制，将合同条款编码为可自动执行的程序，在满足预设条件时不需要人工干预即可完成履约，从而提升交易效率与可信度。

区块链化后下一个阶段的数字化技术围绕着人工智能展开。人工智能是一种仿生学科，通过模拟人类大脑的思维方式和认知能力，实现对数据、图像、声音等信息的自动处理和分析。人工智能具有高效、准确、自适应的特点，可以实现对复杂数据的自动分类、识别、处理和预测。人工智能技术主要是通过自主学习和决策，实现人类智能的扩展和弥补，从而实现更高级的人工智能行为。随着 ChatGPT 的横空出世，行业 AI 创新应用也迎来快速发展期。

未来的数字化技术将更加注重用户体验和数据安全。在数字化技术发展的前期，关注点主要集中在技术本身的发展和应用。然而，随着技术发展到区块链化阶段，数据隐私保护和用户体验优化成为更重要的议题。随着技术的不断进步，数字化技术将进一步聚焦于关注并满足用户需求，致力于为用户提供更优质的服务和体验。

组织文化变革

组织文化是企业发展的基石，是共同价值观、信仰和行为准则的集合。数字化升级要求企业变革传统的管理、沟通与决策方式，以适应新的业务模式和数字化技术的应用。这一变革需要全员参与和支持，涵盖高层领导和中层管理人员。企业应构建开放、创新、积极的组织文化，激励员工探索新的业务模式和技术应用。同时，企业需重视员工培训与激励，提升其数字化技能和专业素养，以契合数字化升级的需求。唯有建立适应数字化升级的组织文化，企业方能有效应对市场变化，实现可持续发展。

数字化升级产生的价值效益

我们可以将 Gartner 的数字化成熟度模型与数字化升级投资回报率（ROI）相结合，以分析数字化升级对企业价值的提升。

Gartner的数字化成熟度模型是一个用于评估企业数字化转型程度的工具。该模型将数字化转型分为五个阶段，从低到高依次为初级、中级、高级、领先和全面数字化。通过评估企业在不同阶段的数字化能力和应用程度，该模型帮助企业了解自身的数字化水平，并明确需要改进和升级的方面。

数字化升级投资回报率（ROI）是用于评估企业数字化投资收益率的指标。它能够帮助企业评估数字化投资的效果，并为企业的决策提供支持，助力企业优化数字化投资策略，提升数字化转型的收益。

将这两个工具结合起来，企业可以借助数字化成熟度模型了解自身的数字化水平，识别数字化转型中的瓶颈和问题，并据此制定数字化升级计划。随后，企业可以利用数字化升级投资回报率来评估该计划的收益率，从而决定是否继续投资以及如何进行投资。

数字化升级投资回报率（ROI）=（增加的收入－数字化升级成本）/数字化升级成本

假设某企业进行数字化升级，投入成本为100万元，可计算该企业的数字化升级投资回报率。

- 生产效率提升，每年可减少人力成本50万元；
- 销售额增加，每年可增加销售收入80万元；
- 产品质量提高，每年可减少售后服务成本20万元；

- 管理效率提升，每年可减少管理成本30万元。

根据上述收益数据，可以计算出该企业的数字化升级投资回报率：

$$ROI=(50+80+20+30-100)/100=0.8$$

2022年首个数字化转型国家标准《信息化和工业化融合 数字化转型 价值效益参考模型》发布，国家标准通过价值效益分类体系、基于能力单元的价值创造和传递体系、基于新型能力的价值获取体系等参考模型，帮助组织以价值效益为导向，实现可持续创新发展，我们可以参照更多的维度来计算数字化升级投资回报率。

笔者对100家企业进行了调研。调研结果显示，数字化成熟度高的企业更容易获得高的数字化升级投资回报率，而数字化成熟度低的企业则往往难以获得高的数字化升级投资回报率。同时，可以发现数字化升级投资回报率的分布呈现出一定的正态分布趋势，这意味着大多数企业的数字化升级投资回报率都集中在一个相对稳定的区间内，只有少数企业可以获得较高的数字化升级投资回报率。

企业的实际数字化成熟度和数字化升级投资回报率的具体定义和计算方式需要根据实际情况来确定。此外，还需要对不同行业、不同规模的企业进行分类，以便更准确地评估数字化升级的价值效益。

数字化升级价值效益评估的几个维度

提高效率和降低成本

我们重点关注研发范式的改变来提升效率和降低成本,可以采用以下模式:

敏捷开发模式:一种适用于软件开发的模式,强调快速迭代和持续反馈,旨在提高生产效率和研发质量。在这种模式下,研发团队可在项目开发的不同阶段进行调整和优化,以适应快速变革的数字化技术研发需求。此外,敏捷开发模式还强调团队协作和自组织能力,以更好地实现项目目标。

瀑布模式:一种传统的软件开发模式,按照严格的阶段性流程进行开发。每个阶段的完成要满足特定要求和标准,直至整个项目完成。瀑布模式的优点在于阶段划分清晰、标准要求严格,但其缺点是缺乏灵活性和适应性,难以满足快速变革的数字化技术研发需求。

增量模式:一种混合模式,可以结合敏捷开发模式和瀑布模式的优点。该模式将研发过程划分为多个阶段,每个阶段均设有明确的交付成果和标准要求。在每个阶段结束后,团队可根据反馈进行调整和优化。增量模式能够平衡敏捷开发模式和瀑布模式的优缺点,适用于数字化技术研发的快速变革环境。

开放式创新模式：一种基于开放合作的研发模式，适用于数字化技术研发。该模式通过与其他企业、大学和研究机构合作，共同推动创新。企业可以共享研究成果和知识，并从他人的专业知识和经验中受益，从而实现降低研发成本和提高效率的目标。

提高客户体验

我们所生活的世界正变得越来越数字化，无论是在工作、生活还是娱乐方面，人们的需求都在不断变化。因此，我们需要时刻关注用户的需求和期望，从而为他们提供更好的产品和服务。以下几点需要重点关注：

二维信息是指用户通过图像、文字、数字等形式获取的信息。随着互联网的发展，二维信息已成为人们获取信息的重要渠道之一。在设计产品或服务时，我们需要考虑用户对信息的获取和理解能力，通过合理的信息架构、页面布局和内容排版来提升用户的阅读体验和信息获取效率。

关系链接是指用户需要在不同信息或内容之间建立联系、找到关联性。这种链接可以帮助用户更好地理解和掌握信息，提高他们的决策能力和问题解决能力。在设计产品或服务时，我们需要考虑用户对关系链接的需求，通过合理的信息架构、标签分类和内容关联来提升用户的信息获取效率和决策能力。

物理现实是指用户需要在真实的物理环境中进行交互、操作或体验。这种体验可以帮助用户更好地掌握和使用产品或服务，提高他们的使用效率和满意度。在设计产品或服务时，我们需要考虑用户对物理现实的需求，通过合理的界面设计、交互设计和操作流程等来提升用户的使用体验和操作效率。

生理感受是指用户在感官、情感、认知等方面获得的身体和心理上的愉悦、满足或舒适。如何满足用户的生理感受是产品或服务设计的重要考虑因素之一。

三维体验是指用户在虚拟或现实环境中获得沉浸式的、具有深度和交互性的体验。这种体验能够帮助用户更好地感受和理解产品或服务，增强他们的参与感和忠诚度。在设计产品或服务时，我们需要考虑用户对三维体验的需求，通过合理的界面设计、交互设计和视觉效果来提升用户的参与感和满意度。

创造新的商业模式

当企业进行数字化转型时，一个重要的目标是创造新的商业模式以开拓新市场。

技术是数字化转型的关键，但商业模式是数字化转型成功的基础。在数字化转型过程中，企业应重视商业模式的创新，而不仅仅是技术的应用。只有创新的商业模式才能真正带来业务增长和差异化竞争优势。

了解客户需求和行业趋势是制定新商业模式的关键。数字化转型可以帮助企业更好地了解客户需求和行业趋势，并根据这些信息制定更具竞争力的商业模式。企业应通过数据分析和市场调研等方式深入挖掘客户需求和行业趋势，并据此制定适合自身的商业模式。

敏捷创新是数字化转型中创造新商业模式的有效方式。数字化转型使企业具备更高效、更敏捷的创新能力。企业可以通过快速试错、快速验证、快速迭代的方式进行创新，并找到适合自身的商业模式。

与合作伙伴共同创新。数字化转型带来了越来越多的合作机会。企业可以与合作伙伴共同创新，探索新的商业模式。这种合作方式不仅可以提高创新效率，还可以扩大市场份额。

总之，数字化转型是企业创造新商业模式和开拓新市场的重要途径。企业应关注商业模式的创新，通过敏捷创新和合作探索，找到适合自身的商业模式，并对其不断进行优化、调整，实现业务增长并获取差异化竞争优势。

数据驱动决策、快速响应市场变化

在当今的商业环境中，企业需不断提升自身竞争力，只有这样才能在市场中立于不败之地。数据驱动决策与快速响应市场变化是提升竞争力的两大关键因素。

数据驱动决策是指企业在决策过程中，充分运用可获取的数据，通过数据分析、挖掘与应用，提升决策的科学性与准确性。这一过程有助于企业深入洞察客户需求、市场趋势及竞争对手状况，进而优化业务策略、产品设计与销售渠道，最终实现销售额与市场占有率的提高。

快速响应市场变化是指企业在面对市场波动时，能够迅速调整战略、产品与服务定位。这可以让企业能够有效应对激烈的市场竞争与变化，把握市场机遇，规避潜在风险，从而保持其竞争优势。

数字化升级的实施策略

确定数字化升级目标和范围

在数字化升级之前，我们需要明确目标和范围，以便为整个数字化升级过程提供方向和重点。这包括评估现有业务流程、识别瓶颈和痛点，并确定可实现的数字化解决方案。我们还要确定数字化升级的优先级和时间表，以保证数字化升级与业务目标相一致。

建立数字化升级团队并制定数字化升级计划

数字化升级要由专门的团队负责规划、执行和监控整个过程。该团队应由数字化升级专家、IT 专家、业务领导人及其他相关人员组成，团队成员应有清晰的职责和角色，以确保数字化升级计划顺利实施。此外，制定数字化升级计划是关键一步，计划应包含数字化升级的目标、时间表、资源需求和实施步骤等内容。

投资数字化升级并进行监控和评估

数字化升级需要投资，包括购置数字技术和工具、开展员工培训及其他相关支出。同时，要对数字化升级进行监控和评估，以确保计划的有效性和实行效率。可通过制定关键绩效指标、收集数据、定期检查和评估等方式完成监控和评估，确保数字化升级带来实际业务价值和收益，并为未来的数字化升级提供经验。

随着科技的不断进步，数字化升级已成为企业发展的必然趋势。相关研究结果显示，尽管数字化升级需要一定的投资，但这种投资能够在未来带来显著的效益。企业应根据自身实际情况制定数字化升级计划，并积极投资数字化升级以提升效益。

同时，企业要认识到，数字化升级不仅是技术层面的变革，还需获得领导者的支持和组织内部的协作以实现数字化升级的价值提升。领导者应明确数字化升级的目标与意义，并为其提供必要的资源与支持。组织内部应建立有效的协作机制，打破部门间的壁垒，促进信息共享与协作，以确保数字化升级取得最佳效果。

最后，企业还要在数据要素的开发利用与数据安全、隐私保护之间寻求平衡。应加大对数字化升级效益显著的高潜数字场景的投入，充分释放数据要素的活力，从而提高企业的创新发展能力。

第五章

Chapter 5

新形势下平台经济创新发展

1994年,我国全功能接入国际互联网。得益于数字技术和网络技术的飞速发展,以及国内包容审慎的政策环境和广阔的市场空间,我国平台经济取得了日新月异的发展,涌现出腾讯、阿里巴巴、美团、字节跳动等多家具有全球影响力的平台企业。

习近平总书记高度重视平台经济发展,并对行业发展寄予厚望。2021年,习近平总书记在主持中央财经委员会第九次会议时强调,近年来,我国平台经济快速发展,在发展全局中的地位和作用日益凸显。2022年年底的中央经济工作会议上,习近平总书记指出,支持平台企业在引领发展、创造就业、参与国际竞争中大显身手。2024年11月,国务院常务会议指出,发展平台经济对扩大内需、稳定就业、惠及民生至关重要,同时对赋能实体经济、发展新质生产力具有重要意义。

5.1 平台经济具有显著的经济社会价值

网络效应：平台价值随用户规模扩大而呈指数级增长的现象，用户数量增加带来交互效率提升与生态富集，从而形成强者愈强的市场竞争格局。

平台经济是一种由互联网平台协调和组织资源配置的经济形态，具有显著的网络效应、零边际成本、范围经济和规模经济特征。它对要素配置、生产组织、消费形态、投资模式和财税制度产生了深刻影响，推动国民经济整体向信息化、数字化、智能化方向转型。

平台对于新质生产力和普惠发展意义重大

平台经济的诞生是数字技术发展和商业模式创新结合的产物

国家市场监督管理总局将平台分为六类，如表5.1所示，它们分别是网络销售类平台、用户服务类平台、社交文娱类平台、信息资讯类平台、金融服务类平台和计算应用类平台。在发展过程中，平台企业面临着一个普遍挑战：任何可程序化的产品或服务都容易遭到复制和模仿。因此，平台企业在利用数字技术提升产品研发效率的同时，也必须持续进行创新和突破，无论是在技术研发、新产品设计还是业务流程优化方面，都要全力以赴以维持竞争优势。

表 5.1 平台分类

平台类别	连接属性	主要功能
网络销售类平台	连接用户与商品	商品销售功能
用户服务类平台	连接用户与服务	便利生产生活功能
社交文娱类平台	连接用户与用户（内容）	互动娱乐功能
信息资讯类平台	连接用户与信息	资讯获取功能
金融服务类平台	连接用户与资金	金融服务功能
计算应用类平台	连接用户与计算资源	技术支持功能

美国和中国这两个平台经济最为发达的国家近二十年来的新技术研发、商业化及普及大多由平台企业推动。目前，面对人工智能的发展机遇，国内平台企业纷纷加大在该领域的技术投入，这一趋势已十分显著。

平台经济的全球发展与产业生态影响

在全球范围内，平台经济在诸多经济体中迅速发展，ICT、金融、物流零售、出版、音乐、媒体、旅游、娱乐等领域均经历了深刻的变革，不断涌现出新的产品形态、服务流程和盈利模式。在此过程中，平台企业不断发展壮大，例如谷歌、亚马逊、阿里巴巴、腾讯、京东等头部企业已逐步发展成为综合型科技服务平台，引领着各行各业的数字化转型。此外，平台经济所形成的产业生态为创新创业提供了优越的环境和条件，促进了技术、资金、人才、政策等创新要素的高度集中，降低了新企业的市场进入门槛、创业成本和经营风险。

平台经济下的企业转型与包容性增长

平台经济促使企业从关注成本和利润转向关注用户规模与消费者体验，以用户为中心设计产品、优化流程、制定交易规则，成为平台企业的核心经营原则。与传统经济中企业侧重"头部市场"、遵循"二八法则"不同，平台经济中的企业更关注"利基市场"，强调"长尾效应"，注重用户网络的广泛覆盖与深入触达，促进了消费的平等性，推动了包容性和普惠性的经济增长。同时，平台经济也为传统经济中处于不利地位的消费者提供了低成本获取高质量产品和服务的机会，使这些消费者能够更多地享受到技术进步带来的红利。

平台企业在经济社会发展中的作用不断增强

近些年来，中国的平台经济总体保持平稳发展势头，平台企业在科技创新、就业带动和数字出海等领域发挥了越来越重要的作用，有力地承担了新动能和新引擎的角色。

我国头部平台企业在研发领域不断加大投入。公开数据显示，2020—2022年，市值排名前10位的平台企业累计研发投入超过5000亿元，年均增速达15%，授权专利总量超过 5 万件，专利质量不断提升。目前，随着人工智能大模型的飞速发展，国内头部平台企业积极探索国产高性能 AI 芯片研发以及商业化场景落地，带动上下游中小企业协同发展。

助力创新创业

平台经济的发展史亦是一部科技创新投资史。与风险投资不同，大型平台企业的投资通常依据自身的产业生态进行布局，因而具备"耐心资本"的特征。此外，平台企业不仅为被投企业提供资金支持，还能分享技术和管理经验。因此，平台企业投资已成为创业企业获得风险投资及政府扶持资金的重要参考指标。有关机构统计数据显示，在国内 300 余家独角兽企业中，超过半数曾获得平台企业的投资，并在激烈的国际竞争中存活且茁壮成长。

赋能实体经济数字化转型

头部平台企业高度重视产业互联网的发展，凭借在消费互联网领域积累的技术、人才和产品优势，持续加大在产业互联网领域的数字产品和数字服务供给力度，助力实体经济的数字化转型。以腾讯为例，其财报信息显示，2024 年第一季度，腾讯金融科技及企业服务板块收入占总收入的 33%，连续七个季度位居第一，已成为腾讯未来收入增长的重要引擎。

发挥就业蓄水池作用

面对复杂严峻的经济形势，我国就业压力较为突出。国家统计局公布的数据显示，2025年4月，全国城镇不包含在校生的16～24岁劳动力失业率为15.8%，25～29岁劳动力失业率为7.1%。在吸纳就业、缓解"摩擦性失业"等方面，平台经济发挥了重要作用。全国总工会2023年的调查数据显示，我国新就业形态劳动者数量达到9400万，灵活就业人员数量达到2亿人。此外，平台经济还创造了大量新的职业。从岗位需求来看，既有外卖骑手、网约车司机等劳动密集型岗位，又有与人工智能、数据产业、云与智慧产业等领域相关的知识密集型岗位。国家人社部2024年公布的19个新职业中，网络主播、生成式人工智能系统应用员、用户增长运营师、云网智能运维员、工业互联网运维员等岗位赫然在列。

> **用户增长运营师：** 聚焦用户全生命周期管理的新兴职业，通过数据分析、渠道优化、活动策划等数字化手段提升用户规模与活跃度，驱动业务可持续增长。

提升海外影响力

近年来，中国互联网多款核心应用在海外取得重要突破，平台企业呈现多赛道集群式出海态势，在国际竞争中大显身手。主要体现在以下三个方面：

一是积极开拓云服务能力，充分发挥数字生态链接优势。例如，阿里云在全球30个地理区域内运营89个可用区，其内容分发网络（CDN）覆盖全球六大洲的70

多个国家，拥有3200多个全球节点。

二是助力发展中国家数字化转型，共享数字发展红利。例如，腾讯云与法国电信运营商Orange子公司合作，支持发展中国家政府低成本、低代码地开发各类便民应用服务，逐步构建起本国数字政务能力，为发展中国家积极贡献了中国在数字经济领域的技术能力、发展经验和中国智慧。

三是稳步推进跨境金融，助力国内国际双循环。近年来，我国移动支付发展迅速，处于国际领先水平。目前，支付宝、微信等移动支付工具为出境中国游客、外国来华游客及境外商户提供便利的跨境支付服务，有效促进了国际商贸往来。

专栏：平台企业数字化转型服务案例

云服务和SaaS产品助力企业开展数字化转型

腾讯大力发展产业互联网，以腾讯云为核心发展云计算基础设施及应用产品。从基础设施即服务（IaaS）技术层面来看，腾讯的"星星海"定制化云服务解决方案及自研的数据中心技术"T-block"，有效提升了云服务的整体表现及效益。从SaaS产品方面来看，腾讯会议已成为中国最大规模的独立云会议应用，企业微信、腾讯文档等协同办公产品已成为企业数字化转型进程中不可或缺的工具。微信等产品大力发展微信视频号、小商店、微信广告、智慧零售等业务，构建生态共同赋能电商行业在私域流量的探索。从产业协同方面来看，腾讯积极构建企业服务生态，链接合作伙伴共同促进企业数字化转型。腾讯的"千帆计划"包括"一云一端三大项目"。"一云"代表腾讯云为SaaS企业提供稳定的基础设施和底层技术支持；"一端"代表企业微信为SaaS企业提供C2B的连接能力；"三大项目"包括SaaS加速器、SaaS技术联盟和SaaS臻选，为厂商提供销售、技术、资本和培训等服务。"千帆计划"吸引了超过百家合作伙伴加入，覆盖30多种类型和行业，目前提供客户关系管理（CRM）、企业资源规划（ERP）、营销、法务等多种服务，并根据客户需求进一步丰富服务内容。

"优才计划"：打造数字化人才培养新生态

"优才计划"由腾讯云培训认证中心官方发起，面向企业、高校大学生、IT从业者推出，旨在依托腾讯云认证体系及产业实践资源，联合行业权威组织机构，链接全国高校、腾讯云合作伙伴、联盟会员单位及用云企业，培养产业互联网时代数字化人才。腾讯云为"优才计划"的参与企业、高校及个人提供云计算线上视频课程、云资源、动手实验室、认证考试及企业线下培训课程等价值超百万的优惠福利，利用自身丰富的技术及生态资源，全面支持数字经济背景下的人才培养与就业需求。

"数字方舟"计划：免费开放数字化工具

2020年5月，腾讯宣布启动"数字方舟"计划，从降低成本、引流拓客、设立专项基金、技术开源等方面支持中小微企业数字化转型。该计划重点覆盖农业、工业、商业、教育、医疗、文旅等六大领域，是腾讯响应国家发展改革委《数字化转型伙伴行动倡议》的重要举措。

5.2 平台经济促进新型消费蓬勃发展

当前，我国正处于百年未有之大变局的关键时期，经济发展面临需求收缩、供给冲击、预期转弱三重压力。为稳住宏观经济基本盘，保障国民经济发展的各项指标顺利完成，确保经济运行在合理区间，亟须培育新的经济增长点。从宏观经济指标来看，近年来消费对GDP的拉动作用逐步增强，尤其是平台经济推动的新型消费快速增长，线上线下消费融合程度逐步加快，经济社会价值不断外溢。为进一步释放数字技术对消费势能的放大、叠加和倍增作用，建议培育数字消费驱动体系，进一步扩大消费规模，优化消费结构，激活下沉市场消费潜力，充分释放新型消费发展红利，推动消费型数字经济做强做优做大。

平台消费新业态不断涌现

消费需求结构转型，网络零售比较活跃。近年来，我国网上零售额快速增长，2016—2021年网上零售额连续六年增速始终保持在10%以上。国家统计局数据显示，2024年社会消费品零售总额约为48.79万亿元，同比增速为3.5%；全国网上零售额约为15.52万亿元，同比增速为7.2%。

数字文旅消费潜能不断激发。多地政府充分依托短视频、网络游戏等媒介的传播效应，创新数字文旅消费新模式，成效显著。中国互联网络信息中心发布的《中国互联网络发展状况统计报告》显示，截至2024年12月，在线旅行预订用户规模达到5.48亿人，较2023年12月增加3935万人；微短剧用户规模达到6.62亿人，网民使用率为59.7%。

推动业态创新形成经济发展新动能。中国信通院发布的基于微信平台的《数字化就业新职业新岗位报告》显示，2020年微信生态衍生了3684万个就业机会，同比增长24.4%，数字消费的经济社会价值不断凸显。

农村数字消费潜力尚未得到充分挖掘

农村消费基础设施与城镇相比还存在差距。我国广大农村由于人口居住分散，仍面临物流覆盖率不高，电商服务点少，配送时间长，甚至一些区域不支持配送、运费比城市贵等突出问题。同时，我国农产品产地流通的"最先一公里"基础设施建设滞后，导致水果蔬菜等农产品在田间地头腐烂的现象时有发生。

新一代农村消费者的消费体验有待提升。80后与90后已成为当前农村的消费主力军，他们更加青睐新型消费，注重商品品质。然而，我国农村地区的消费环境尚不理想，假冒伪劣商品泛滥，甚至存在销售国家明令禁售商品的情况，数字服务消费在农村的触达能力有待进一步提高。

释放下沉市场消费潜力

优化数字消费网络节点布局，加快农村地区智慧物流等新型基础设施建设进程，打通农村数字消费的大动脉。加大财政金融资源投入力度，提高农民的数字技能，在农村地区推广数字消费券使用，提升数字消费在农村的普及性和可得性。制定农村数字消费能力提升专项扶持政策，帮助农民通过直播带货、电商助农等模式提升农产品附加值，享受数字消费市场红利。培育并拓展农村数字消费新场景，鼓励针对农村和农民下沉市场的数字消费产品和服务开发，并对有关企业给予政府采购、上市融资、税收优惠等政策支持。

5.3 牢牢把握历史机遇和发展方向

当前,宏观经济下行、地缘政治、国内流量红利减弱以及常态化监管等多方面因素叠加交织,我国平台经济发展面临较大的风险与挑战。面对以人工智能为代表的新一代数字技术加速演进以及产业变革的窗口机遇期,中国平台企业需积极适应发展环境变化,准确识变、科学应变。在数据要素、产业互联网和国际市场等蓝海领域,平台企业应不断加强科技创新、产品创新和模式创新,致力于打造世界一流国际企业。

发展指标分化,平台增速放缓

工业和信息化部数据显示,2024 年 1—10 月,电子信息制造业固定资产投资同比增长 13.2%,比同期工业投资增速高 0.9 个百分点。中国信通院数据显示,2024 年第三季度我国互联网投融资案例数和披露金额同比分别下跌 28.1% 和 18.4%,而全球互联网投融资案例数和披露金额同比分别上涨 3.1% 和 24.2%。

国家统计局数据显示,2024 年全国网上零售额增速高于同期社会消费品零售总额增速3.7个百分点，但低于去年全国网上零售额同期增速3.8个百分点。此外，中国互联网络信息中心数据显示，2024年上半年我国网约车预订的用户规模与使用率均开始下降。

海关总署数据显示，2024年前三季度，我国跨境电商进出口额为2637.6亿美元，同比增长11.5%，低于2023年全年的15.3%。工业和信息化部数据显示，2024年1—10月，规模以上电子信息制造业累计实现出口交货值同比增长0.7%，较1—9月回落0.4个百分点。此外，受益于全球智能手机等终端市场需求增加，以及各国对人工智能产业布局加快，2024年1—11月国内集成电路出口额达到1.03万亿元，同比增长20.3%。

中国平台企业与美国的市值差距及价值链挑战

从市值来看，中国平台企业与美国差距较大。截至2024年12月31日，全球市值最高的前十家科技公司中，美国企业占据9席，没有一家中国大陆企业。在市值最高的前二十家科技公司中，有两家中国大陆企业入围，分别是腾讯（第16名，市值为4952亿美元）和阿里巴巴（第70名，市值为1810亿美元）。

从价值链来看，中国平台企业在价值链中的位置具有较大提升空间。以"苹果税"为例，苹果公司依托技术、产品和市场影响力，对中国市场采取差异化策略。针对中国标准企业的 App 数字商品交易，苹果会扣留每笔交易金额的 30%。2023 年全年，中国市场的"苹果税"金额占到苹果公司全球总规模的三成。

平台经济发展的主要方向

提高要素投入效率和生产率，激发平台经济增长潜力

目前，C 端客户流量逐步见顶，许多"荒地"早已被开垦为"熟地"。下一步，我国平台企业应从提高要素投入效率和生产率的角度出发，不断提高产品和服务质量，挖掘市场潜在需求，在创造新供给和新消费方面下功夫，充分发挥数据要素与资本、技术、人才等要素的协同创新效应，向供应链、产业链和价值链要效益。

深耕产业互联网市场，持续赋能实体经济的数字化转型

从全球互联网企业业务发展趋势来看，亚马逊云、微软云保持高增长、高利润的发展势头，产业互联网市场是值得平台经济深耕的领域。ToB 服务是一个需要深耕细作的市场，其产品和方案的可复制性较弱，规模效应较低。下一步，我国平台企业应在行业监管部门和产业部门给予的政策空间范围内，主动将公司战略进一步融入到国家战略之中，在新型基础设施建设、智慧城市

建设、传统产业数字化转型、数据要素市场建设等领域，打磨并输出技术能力和连接能力，进一步赋能实体经济的数字化转型。

加大研发投入，拓展国际市场

目前，从市场份额来看，我国平台经济的主战场仍然在国内，但海外市场仍存在广阔机遇。下一步，我国平台企业应进一步加大在人工智能、数据库、AI芯片等关键领域的研发投入，强化关键数字技术攻关，提升我国数字企业的国际竞争力。在国际市场开拓方面，应秉持差异化竞争策略，继续加大在东南亚国家以及"一带一路"共建国家的布局，着力在跨境电商、数字服务贸易、新型基础设施建设、智慧城市建设、数字文化等领域寻求新的增长点。

构建支持创新发展的政策体系

经过二十多年的飞速发展，中国平台经济取得了较大发展成果，同时，也遇到了较大的挑战，面临一定的发展风险。需要统筹施策，进一步释放平台经济的创新潜力，打造一批具有国际竞争力的平台企业。

鼓励平台企业依托对高价值数字场景的识别优势，积极开展应用创新和模式创新。建立首违不罚、轻微免罚等创新容错机制，以及尽职免责、减责机制，拓展新型消费空间。在消费政策方面，加大对游戏、短视频直播等新型数字消费的支持力度，发挥数字消费对科技创新、文化强国、数字中国建设的促进作用。

健全支持平台企业投早、投小、投硬科技的政策体系，在税收优惠、创新型企业融资和上市等领域给予政策支持。在财税政策方面，采取更有利于平台经济发展的税制结构和税收征管模式。对于科技创新、助力传统产业转型升级等领域的投资及研发投入，加大税收返还和定向支持，释放税收政策对平台经济发展的乘数效应。对于广告等受宏观市场环境影响较大的行业，继续在文化事业建设费减免方面予以支持，提振行业发展信心。

推动数字经济高质量发展，需调动各类市场主体积极性，构建涵盖传统企业与平台企业、大企业与中小企业的生态共同体，提升全要素生产率，提高产业链供应链的韧性与安全水平。建议打破平台企业在参与产业互联网建设过程中面临的隐形壁垒，鼓励、支持、引导平台企业依法平等使用生产要素，公平参与市场竞争，积极探索数字技术在制造业、农业领域的应用场景建设，畅通经济循环，促进流通消费，加速数字技术与实体经济的融合进程。引导平台企业从应用端参与新型基础设施建设，鼓励平台企业通过应用场景创新，推动新型基础设施建设对数字经济发展产生二次、三次拉动效应。

拓宽宏观政策取向一致性评估范围，加强各起草部门与政策评估部门的沟通联系，将标准、指南、指引等纳入一致性评估范围，避免"法外立法""法外执法"。对已出台的不符合产业发展实际、不利于激发企业投资和发展积极性的政策、法律、税费政策予以修改或清理。

此外，在数据安全、个人信息保护、内容生态管理等重点领域，平台企业需将安全贯穿于数据要素全生命周期管理流程，不断夯实企业发展的"防火墙"。

5.4 直播电商：平台经济商业模式创新的重要实践

直播电商产业爆发式增长

直播电商是指以直播形式触达消费者并实现销售转化的电商形式。2016年是直播产业在中国全面爆发的一年，也是直播电商的元年。导购社区蘑菇街最先涉水直播电商，京东、淘宝等电商平台纷纷开通直播功能。对于彼时深陷流量增长困境的电商平台来说，内容化、社区化是其留住用户最有效的手段。直播作为具有即时性、强互动性的内容形式，能够让消费者在短时间内完成从种草到购买的完整路径，也成为电商平台发力的方向。

2017年，短视频平台进入直播行业，将直播电商作为商业化和流量变现的新手段。随着用户习惯的培养以及直播电商业态的发展，拥有庞大用户基础和高用户使用时长的短视频平台发力自建电商的底层基础架构，优先扶持自有小店建设并搭建供应链平台，逐渐摆脱对第三方电商平台的依赖。在短视频平台的推动下，直播电商于2019年步入快速发展期。

2020年上半年，直播电商进入爆发期。然而，快速发展的业态背后也隐藏着隐患，一系列数据造假事件为整个行业的发展敲响了警钟。当直播电商逐渐成为商家和平台销售货品及开展市场营销的常规工具后，其发展进入深水区，行业健康发展的必要性日益凸显。

电商平台和内容平台积极探索直播带货模式

随着4G的普及和5G的商用，互联网媒介形式从文字和图片时代更迭至视频与直播时代。随着互联网用户人口红利的逐渐消失，各大互联网平台面临流量见顶的挑战。在此背景下，直播电商成为电商平台和内容平台流量变现的重要方式。

直播电商有效促进电商平台交易达成

电商平台在商品种类上具备内容平台所不具备的优势。从用户购买体验来看，电商平台可以在直播间形成完整的购买闭环，产品链路较为顺畅，促进用户在直播间内完成购买行为。在问题商品和售后服务方面，电商平台也具备完整的客服和售后服务体系。

直播电商提高了传统电商平台的购买转化率。传统电商平台用户具有较强的购买意向，这是电商平台具有较高转化率的重要因素。有关数据显示，内容平台直播间的购买转化率在 0.3%～3% 之间，而电商平台直播间的购买转化率可以达到 1%～10%，头部主播直播间的购买转化率甚至高达 20%。

内容平台直播电商优势与运营路径

以内容创作为主的平台通过短视频、直播等形式吸引用户，并在用户观看内容时引导其在平台内或通过链接跳转至电商平台购买商品。随着直播电商模式的火爆，许多内容平台纷纷加入直播间购物功能，进入直播电商的竞争行列。这种改变一方面提升了平台本身的留存率，减少用户流失，另一方面也实现了平台的流量变现，达到了实现商业化收入的目的。

内容平台运营直播电商主要有两个路径。其一，内容平台作为流量方，为电商平台打通电商交易链路，但该方式只能依靠赚取平台分佣，盈利空间相对有限。其二，内容平台自建电商平台以实现变现。然而，内容平台的核心在于流量变现效率，确保从单位用户使用时长中获取更多的收入与利润是其主要考量因素。从流量变现效率的角度来看，广告业务通常比电商业务具有更高的变现效率。因此，内容平台自建电商所面临的最核心困难在于平衡广告业务与电商业务之间的利益与资源关系。

行业发展环境有待进一步优化

夸大宣传问题频发

部分主播在直播带货过程中存在使用广告极限词、夸大效果宣传诱导消费者等问题。2020年3月，某位拥有千万级粉丝的网红在直播带货推广化妆品时，声称自己的产品得过"诺贝尔化学奖"。某著名主播在直播带货时，称其所售卖的松茸酒可以防辐射。夸大宣传并不是少部分主播的偶发现象，北京市消费者协会《直播带货消费调查报告》显示，在调查的直播带货样本中，10%的样本用极限用词宣传产品功效，诱导消费者购买。夸大宣传、虚假营销成为当下用户使用直播电商购物时的最大痛点。部分主播甚至明星主播在直播前对产品的性能并不了解，同时对产品的介绍也缺乏专业性。

商品质量问题频发

直播电商出售的货品中包含大量白牌商品或非知名品牌商品。消费者往往基于对主播的信任而选择购买，若主播销售高仿或质量低劣的产品，将严重侵害消费者权益。例如，某网红团队在直播时销售的即食燕窝被证实为糖水，其唾液酸含量极低，该网红团队最终被市场监管部门罚款并封禁账号。

产业链监管缺失危害商家、用户利益

在直播电商中，商家与主播通常采用"坑位费+佣金"的模式结算酬劳。"坑位费"是固定的费用，当达到约定的销售额标准后，主播会再抽取一定比例的佣金。然而，部分主播为骗取商家的"坑位费"，会找第三方进行数据造假、流量刷单。虚假的观看人数使商家的直播效果远低于预期。例如，在某个"双十一"活动期间，某知名主播受邀参与直播带货，直播结束时显示观看人数为311万，但其中仅有11万人是真实观众，其余观看人数均来自机器互动。

此外，直播电商销售的商品依法享有七天无理由退换货的售后服务，但部分商家却无视相关规定，拒绝履行退换货义务。中消协发布的《直播电商购物消费者满意度在线调查报告》显示，在不喜欢通过直播电商购物的消费者中，担心商品售后问题的消费者占比为44.8%。

相关监管措施陆续发布优化行业发展环境

直播电商在高速发展的过程中，由于准入门槛较低、监管机制尚不完善等原因，面临诸多乱象。作为国内首部涉及网络视频营销活动的专门规范——《网络直播营销行为规范》自2020年7月1日起实施，对引导行业健康正向发展起到了监督作用。2020年7月，人社部联合市场监管总局、国家统计局正式向社会发布一批新职业，发布了"直播销售员"这一新工种，规定"直播销售员"需要具备健康的个人形象、专业的沟通技巧和营销推广技巧，从人力资源层面对直播电商主播进行了规范化的引导。2020年11月，国家广电总局对网络直播平台的主播和用户进行实名制管理，对网络秀场直播和直播电商平台在登记备案、审核、打赏、资质审查和实名认证等多方面问题进行了明确规定。2020年11月，市场监管总局发布了《市场监管总局关于加强网络直播营销活动监管的指导意见》，明确了平台、商品经营者和网络直播者的法律责任。2021年4月，国家互联网信息办公室、公安部等七部门联合发布《网络直播营销管理办法（试行）》，旨在进一步规范市场秩序。2025年3月，市场监管总局部署年度重点立法任务，提出拟制定《直播电商监督管理办法》，进一步明确各方主体责任。

积极探索商业模式和平台管理模式

> 关键意见领袖（KOL）：在特定领域具备专业影响力与粉丝基础的公众人物，通过内容创作传递观点并引导群体消费决策与社会行为，是品牌营销的重要传播节点。

在移动互联网流量见顶的大环境下，平台方积极拥抱直播电商，可以进一步延长用户停留时长，提升单用户的变现价值。对于品牌方而言，直播电商作为直接面向消费者的新渠道，有利于缩短营销链路，提升商业效率。借助"关键意见领袖"（KOL）的流量红利，通过粉丝规模效应，可降低渠道成本，提升平台消费创造力，激发新型消费潜力。同时，商家可以直接获得用户最真实、最及时的体验反馈，有助于及时调整产品定位。此外，平台方也需要优化平台管理，完善交易和内控管理机制，推动实现商家、用户、主播和平台多方共赢的新局面。

第六章 数据要素加速融入社会化大生产

Chapter 6

当前，正值以人工智能为代表的全球新一轮科技革命和产业变革的关键窗口期，全球主要数字经济国家及地区在数字技术创新、数据开发利用、数据跨境、数据治理等领域均加快了政策布局和产业支持力度，旨在全球竞争格局中谋求发展的新优势和新动能。其中，数据作为数字经济发展的关键资源，愈发成为国家竞争、科技创新和产业转型升级的关键要素。

数字经济时代的竞争，本质上是技术之争、产业之争，更是制度之争。在我国，数据要素已经成为与土地、劳动力、资本、技术等并列的生产要素，逐步融入生产生活的各个环节，深刻影响并重构着经济社会结构。党中央、国务院高度重视发挥数据要素价值，出台了《关于构建数据基础制度更好发挥数据要素作用的意见》（简称"数据二十条"）。"数据十二条"从鼓励产业发展的角度，明确了"遵循发展规律""促进合规流通"等数据要素开发利用的基本原则。数据的价值在于应用，应用的关键在于场景。只有与应用场景相结合，解决实际问题和业务痛点，才能充分释放数据要素价值。

6.1 数据产权制度设计的边界与维度

党的二十届三中全会提出"加快建立数据产权归属认定、市场交易、权益分配、利益保护制度"。自2019年以来,党中央、国务院针对数据要素展开了一系列政策布局。其中,数据产权制度设计一直是备受政产学研各界高度关注的关键问题。习近平总书记指出,要充分发挥海量数据和丰富应用场景优势,不断做强做优做大我国数字经济。海量数据优势的发挥,既依赖于数据的市场化开发程度、商业模式创新水平、技术创新和安全保障能力,也取决于数据制度建设所孕育的市场空间和由此触发的市场预期。

数据确权:通过法律界定与技术手段明确数据所有权、使用权、收益权归属的制度安排,旨在解决数据流通中的权属争议,保障数据要素市场化配置的权益分配。

"数据二十条"发布后,我国多个省份围绕数据产权制度进行了一些制度探索。欧美主要数字经济国家和地区在数据要素开发利用方面也积累了较为丰富的经验。对比分析国内外数据确权的不同模式和数据要素市场的发展情况,可以发现,数据产权制度设计的目的是形成科学的数据权益国家规范,推动数据要素市场健康繁荣发展,培育和发展新质生产力,最终提升国家数字经济核心竞争力。因此，制度设计过程中需要考虑两个重要边界：一是国际竞争，二是经济社会发展。政策设计需要在保护市场主体合法数据权益、支持技术创新、司法指导与争议解决等三个维度进行制度安排。

我国数据产权制度在破立之间取舍

与土地、劳动力、资本、技术等传统要素相比，作为新型生产要素的数据拥有其独特性，比如非竞争性、一定的排他性、数据处理的多主体性、数据价值以大规模汇聚为前提、数据价值释放的场景化等。基于上述属性，我们无法笼统地将数据作为整体的权利标的物来看待，[1]无法从传统物权视角出发建立产权制度。将数据列为生产要素是我国首创，从国内数据要素政策演进的趋势来看，各界对于数据要素特征和发展规律的认识在不断深化，数据产权制度探索也更加重视平衡好政府和市场作用。

国家层面的顶层设计

从政策实践来看，党的十九届四中全会首次提出将数据作为生产要素参与分配，探索建立健全由市场评价贡献、按贡献决定报酬的机制。"数据二十条"创造性地提出数据资源持有权、数据加工使用权和数据产品经营

---

[1] 程啸. 论数据权益[J]. 国家检察官学院学报，2023（5）：77-94.

权"三权分置"的中国特色数据产权制度框架，并强调研究数据产权登记新方式。这种处理策略有利于平衡数据产业链、价值链上的各方利益，推动构建多元主体参与、繁荣发展的数据要素市场。然而，数据"三权"的具体内涵、行使权利的方式路径等均尚未明确。自"三权分置"概念提出以来，各地根据这一新思路进行了探索，地方数据制度纷纷出台，为我国数据产权制度的建立和完善提供了宝贵的经验。

地方层面的政策试验

一是深化对数据"三权"内涵的界定。例如，2024年8月28日起施行的《贵州省数据流通交易促进条例》对数据"三权"的内涵进行了细化。数据资源持有权主要强调数据持有者可以自主管控持有的数据；数据加工使用权主要强调数据处理者依照法律或合同约定可享受数据加工使用权并获取相关收益；数据产品经营权主要强调数据处理者对经加工、分析等步骤形成的数据产品和服务享有经营权，并在合法合规前提下可许可他人使用数据产品和服务。

二是建立数据产权登记制度。例如，深圳市发展改革委印发的《深圳市数据产权登记管理暂行办法》，建立了首次登记、许可登记、转移登记、变更登记、注销登记、异议登记等多种登记方式。浙江省市场监督管理局等多个部门印发的《浙江省数据知识产权登记办法（试行）》明确了"三权分置"下的分级分类保护：通过区块链等技术进行数据存证或保全公证，保障数据资源持有权；通过数据知识产权登记，保障数据加工使用权；通过数据知识产权登记后的运用保护，保障数据产品经营权。

三是落实数据分类分级确权授权机制。例如，中共北京市委、北京市人民政府于2023年7月印发的《关于更好发挥数据要素作用进一步加快发展数字经济的实施意见》，对公共数据、企业数据、个人数据的确权授权工作重点进行了布局，提出数据"三权"运行机制建设应遵循"谁采集谁负责、谁管理谁负责、谁持有谁负责、谁使用谁负责"的基本原则。在公共数据方面，明确由市数据主管部门统筹数据资源共享、开放和管理，市大数据中心负责公共数据的归集与治理等工作。在企业数据和个人数据方面，基本沿袭了国家"数据二十条"的相关内容，强调市场主体依据数据资源持有权、数据加工使用权和数据产品经营权获取相应收益的权益，并重点提及承载个人信息的数据可授权第三方处理或托管。

数据权益制度服务于大国竞争战略

为了使数据充分流通利用，实现数据价值最大化，欧美主要数字经济国家和地区积极探索数据开发利用和数据权益保障制度，形成了符合各自产业发展基础和法治传统的数据要素市场发展模式。这些模式既反映了不同区域和国家数字经济的战略导向，又体现了尊重合同法、平衡市场主体各方利益的发展共识。

欧盟：认为数据确权不符合数据经济需求

欧盟历来重视数据保护，尤其是对个人数据的保护，但是欧盟对数据确权态度趋于保守。2016年欧盟委员会的通信网络、网络数据和技术总司的听证会上，参会的众多代表一致强调，数据确权不符合数据经济需求，数据赋权被视为一种需要避免的政府干预模式。他们认为，凭借合同法就足以实现数据保护和数据共享的目标。欧盟的数据治理思路体现了"从权利到义务"的根本性转变。[1] 通过制定严格的法律法规，欧盟在全球数据治理中的话语权显著提升，并逐渐形成了"严格个人信息保护、建立共同数据空间"等数据要素市场化方式和路径。

美国：秉承财产权模式

数字经济时代，财产权的赋予更多的是强调主体对各式各样新兴客体的支配对抗、许可使用、流通转让、担保融资等功能的发挥。在数据权益问题上，美国采取

---

1 周汉华. 数据确权的误区[J]. 法学研究，2023（2）：3-20.

了实用主义的路径，关注数据主体的财产性利益，重视通过合同法、竞争法来平衡商业活动中各方数据权益。与此同时，美国也关注对数据控制权和个人数据保护。例如，2018年3月美国出台的《澄清境外合法使用数据法案》确立了"数据控制者模式"，改变了以往的"数据存储地模式"。同时，在医疗、金融等领域制定行业法，约束私主体间的数据交易行为。

美国在数据要素市场构建方面一直处于全球领先地位，率先提出"政府数据开放战略"，以数据驱动政府决策治理能力提升为牵引，大力推动各政府部门探索符合自身特色的数据开发利用场景，改善政府管理数据方式、提高服务社会效能。

数据要素在三端发力释放乘数效应

数据要素已成为推动社会发展的关键力量，并在经济活动中扮演着愈发重要的角色。我国平台企业运用人工智能、隐私计算、区块链、大数据等新一代数字技术，以市场需求为牵引，以应用场景开发和建设为重心，通过需求采集、研发协同、机制设计、流程优化、商业模式创新等手段，形成了成熟的数据要素流通和开发利用的有效路径，在C端（消费者）、B端（企业用户）、S端（社会）三个方面涌现出了大量创新案例。

> **隐私计算**：在保护数据隐私前提下实现跨域数据流通与协同计算的技术体系，通过联邦学习、安全多方计算等方法平衡数据利用与安全保护。

数据要素价值释放显著提升消费体验

中国互联网络信息中心公开数据显示，截至2024年12月31日，我国生成式人工智能产品的用户规模已达到2.49亿人，占整体人口的17.7%。在广告领域，基于人工智能大模型的一站式AI广告创意平台形成了"AIGC创意生产—直联投放流程—素材快速过审"的全链路，能够更精准、更高效地将广告推荐给合适的人群，从而提高用户体验以及广告转化效果。在医疗领域，大模型可用于辅助疾病诊断与预测，提升医疗信息化效率，优化用户在线问诊体验并实现实时监测与预警。

数据要素开发利用可帮助企业降本增效

腾讯基于人工智能、云计算和大数据等数字技术，构建了基于人工智能算法的电子制造检验平台，服务于众多制造企业的外观监测项目。该平台的工作效率相较人工提升了10倍，每年为企业客户节省人力成本数千万元。通过云端的训练平台，AI质检模型的研发效率提升了3倍以上，大幅降低了研发人员门槛。此外，通过云边端协同的控制中转系统，搭建了AI质检模型从研发到最终部署至生产线的中转协同系统，将AI质检模型的部署速度提升了10倍以上。

数据要素在社会治理领域发展空间广阔

我国社会应急心脏骤停疾病急救存在成功率低、成本高、救援供需信息不畅等问题。腾讯依托连接优势，构建了"网约式"社会应急平台，将志愿者、120系统、AED设备等急救资源连接起来，构建"5分钟社会救援圈"。该平台目前已在深圳、苏州等10多个城市进行应用推广，示范点内旁观者心肺复苏实施率从20.5%提升至45%，患者存活出院率（全国平均值约为1.2%）提升至25%。

数据产权制度建设：理论与实践的探索

从制度经济学角度来看，产权制度要解决激励、资源配置和维护市场秩序等核心问题，对于推动经济发展与维护社会稳定具有深远的意义。数据产权制度也应秉持上述原则，并要适应新一轮科技革命和产业变革的时代要求，进行科学合理的规划与稳健的推进。

数据产权制度建设目前面临一系列理论与实践问题。从产业演进的研究视角来看，数据要素市场涉及场内交易市场、数字化转型市场及数据原生企业构成的市场，建议在做好数据分级分类的基础上，探索基于场景的确权方案。支持市场主体通过合同等市场化方式明确数据权属，建立可信、有利于数据开发利用的数据流通规则。通过这种方式，可以更好地平衡数据产权保护与数据流通利用的关系，推动数据要素市场的健康发展。

数据原生企业：以数据作为核心生产要素的企业形态，其业务开展高度依赖数据采集、分析与应用，通过数据驱动决策形成独特竞争优势与商业价值。

从促进数字经济发展和数据要素交易流通的角度来看，数据产权制度建设应给予数据资源持有权、数据加工使用权、数据产品经营权的持有者充分的市场空间去探索和创新，广泛调动各方市场主体的积极性。建议尽量淡化数据来源者的权益主张，减轻数据"三权"持有者的权利负担，进一步明确数据权益的正当性基础源于其创造性劳动和实质性加工，并重视智能合约机制的设计。

随着人工智能技术的加速迭代与广泛应用，人工智能领域已成为国家竞争与商业竞争的重要战场。数据作为人工智能发展的关键支撑，在其赋能人工智能发展的过程中，面临着数据知识产权保护、商业机密保护以及个人隐私保护等诸多问题。从国外实践来看，法律诉讼是解决相关争议的重要途径。建议针对人工智能大模型训练等数字技术创新场域涉及的数据问题，建立容错机制以及尽职免责、减责制度，为人工智能技术创新与产业发展创造包容审慎的政策环境。

由于数据要素的复杂性，数据产权制度建设不可能一蹴而就，必须随着产业实践的发展和理论创新而持续总结经验、不断优化完善。当前数据产权制度建设以政策设计为主，侧重基础制度建设，其下一步重点是明确数据确权的基本原则、主要方向以及整体工作布局。在实践中，亟须通过指导案例、司法解释等方式对相关市场行为予以引导，明确市场预期，激发市场主体数据开发利用的热情，确保各方在安全可信的环境下行使数据权益。

6.2 数据要素市场发展模式

党的二十届三中全会从数据基础设施建设、数据生产关系调整、数据宏观治理优化等维度介绍了数据要素市场的发展导向和政策布局。回顾和总结国内外的发展经验，对于我们准确认识数据要素的发展规律，特别是探索数据要素如何进入社会化大生产、如何安全可控地释放乘数效应价值具有重要借鉴意义。

"数据二十条"发布近两年来，在政策支持和市场主体的积极参与下，国内数据要素市场呈现出多层次发展和技术驱动的显著特征。对比国外数据要素市场发展规律，可以看到，以公共数据开放共享为牵引、数据基础设施建设为支撑、人工智能为驱动越来越成为数据要素市场发展的产业共识和重要模式。

美国模式：推动政府数据开发利用

美国在数据要素市场构建方面一直处于全球领先位置，率先提出"政府数据开放战略"，以数据驱动政府决策治理能力提升为牵引，大力推动各政府部门探索符合自身特色的数据开发利用场景，改善政府管理数据方式、提高服务社会效能。当前，美国建立了"政府引导、企业参与、市场运作"的数据应用市场，其应用场景十分丰富，涵盖消费、农业、医疗、教育、政府管理等多个领域。例如，在政府治理领域，美国联邦总务管理局在政府的基础设施中安装物联网传感器，由美国国家航空航天局利用人工智能技术分析卫星收集的数据，实现智慧建筑管理；Follow My Vote 公司开发基于区块链的在线投票平台，采用加密技术保证选举结果的准确性和可靠性。在农业领域，美国位于新泽西州的纽瓦克垂直农场，利用大数据技术分析温度、湿度、二氧化碳及作物长势信息，与传统农场相比，每 0.093 m^2 用水减少 95%、肥料减少 50%，农药零投入。在金融领域，华尔街的德温特资本市场公司通过分析 3.4 亿账户留言判断民众情绪，并依据人们高兴时买股票、焦虑时抛售股票的规律，决定公司买卖股票的时机，从而获取盈利。在能源领域，"绿色按钮"计划帮助客户轻松安全访问水、电和天然气等能源使用数据，提高能源消耗意识，并帮助消费者节省能源消耗。

在数据的共享、交换、交易等各种应用活动中，数据经纪商发挥了重要作用。数据经纪商并不直接从用户方收集个人数据，而是通过政府、商业以及其他公开数据来源获取数据，并将原始信息和衍生信息进行整理、

数据经纪商：专注于数据资源整合与交易的服务机构，通过合规渠道收集、处理数据并匹配供需双方需求，促进数据要素的市场化流通与价值变现。

分析和共享后，将这些信息出售、许可、交易或提供给与消费者无直接关系的企业，用于产品营销、个人身份验证或欺诈行为检测等。目前，美国约有3500～4000家数据经纪公司，主要提供市场营销、风险控制以及人员搜索等服务。例如，专业的地理信息数据经纪商Factual，其平台上的地理位置信息累计超过1亿个（横跨200多个国家），数据更新频率为每月240万次，数据访问频率为每月90亿次。

欧盟模式：深化数据空间战略

欧盟通过《欧洲数据战略》确立了数据安全开放共享战略，打造了数据要素共享交换的共同数据空间平台，涵盖金融、农业、交通等十个领域，推动欧盟内部数据流通和开发利用。同时，欧盟加强个人信息保护，形成了完整的数据权益法律法规体系。此外，欧盟还相继颁布了《通用数据保护条例》《数据法案》《数字服务法案》《非个人数据自由流动条例》《数据治理法案》《关于公平获取和使用数据的统一规则提案》《数字市场法案》等数据保护法规，尝试设定严苛的数据要素场景准入门槛。欧盟不断扩大公共数据供应规模，提高公共数据共享程度。为推动公共数据开放利用，欧盟早在2003年就颁布了《公共部门信息再利用指令》，随后经两次修订，公共数据开放范围进一步扩大，涵盖金融、气象、法律等多个领域。欧盟还提出了数据利他倡议，鼓励居民自愿贡献数据。为促进数据交易共享，欧盟创设了数据中介制度，由数据中介服务提供者促成交易双方的数据共享，提升交易主体互信程度。

欧盟加大资金投入布局数字基础设施，为数据要素创新应用发展提供技术支撑。投资共同数据空间和互联云基础设施，围绕公共数据集、数据中心、开放平台、算力中心等基础设施构建强大的数据生态系统。

欧盟提高国际交流门槛，提升数据全球流通话语权和影响力。通过构建高门槛高标准的数据跨境传输规则，持续向其他非欧盟国家输出欧盟模式，深刻影响国际数据流动规则的形成。一是吸引世界主要经济体加入欧盟的《通用数据保护条例》充分性认定；二是迫使美国等全球主要数字经济体在个人数据保护方面作出妥协；三是欧盟模式已成为全球数据区域合作的参考范本。

充分性认定：欧盟GDPR框架下评估第三国数据保护水平的机制，通过认定的国家可获得数据跨境传输资格，其实质为数据治理规则的国际输出工具。

日本模式：倡导可信数据自由流动

在数据要素市场建设中，日本倡导"政府指导、民间主导"的发展模式，加快社会数字化转型，推进数据跨境流通。倡导可信数据自由流动，推动日本成为全球重要数据流通中心。日本在国际上倡导可信数据自由流动，即在严格保护个人信息、网络安全和知识产权的基础上，推动工业、健康等领域非个人、匿名、有用信息的自由流动。2019年2月，日本与欧盟达成欧盟—日本数据共享协议，从而创造了全球最大的数据自由流通区域，极大地促进了日本大数据和人工智能产业的快速发展，吸引大量海外IT巨头与日本进行数据交换。日本数据中心市场规模快速增长，以东京都市圈为例，数据中心建设高度集聚，已成为Meta和谷歌等美国IT巨头实现数据流动的中转站。与此同时，太平洋海底光缆铺设投资持续旺盛，预计经由日本的数据通信将愈发活跃。

日本广泛推动政府数据开放，促进公共数据的社会应用，助力企业创新发展。日本政府计划使作为最大数据持有者的行政机构本身成为全国最大的数据开放共享平台，促进公共数据充分流动。日本政府在国民经济、司法安全、人口环境等17个领域开放了公共数据集，除此之外，还设立了多级政府数据公开网站，并针对专业领域设立了特色数据开放网站。庞大的开放数据集在应急管理、环境卫生、农业生产管理等领域均实现了有效利用。会津若松市基于政府公开的消防水利位置信息推出消防栓地图Web应用，有效帮助消防员及普通市民在遭遇火情时迅速反应。Water-cell公司设计的Agri-Note应用可以整合农林水产省、农林水产消费安全中心发布的农药和肥料数据，助力农业经营者提高农业生产管理效率。

此外，日本以数据银行为核心，构建了数据要素交易市场体系，从而释放个人数据的价值。数据银行在与个人签订契约之后，通过个人数据商店对个人数据进行管理。在获得个人明确授权的前提下，将数据作为资产提供给数据交易市场进行开发和利用。交易数据大致分为金融数据、医疗健康数据及偏好数据三类，其业务涵盖数据保管、交易、流通等基本业务以及个人信用评分业务。数据银行搭建起个人数据交易和流通的桥梁，促进了数据交易流通市场的发展。

韩国模式：发挥人工智能新兴技术作用

韩国积极推动人工智能等新兴技术与数据要素的融合，促进其在各个领域的应用发展。韩国以健全完善的基础数据底座和数字基础设施共同推动数据要素的开发利用。韩国通过建设"数据大坝"、实施"韩国网络基础资源共享计划"等措施，不断促进公共数据的开放利用，以激活数据要素市场，激发中小企业的创新活力。此外，韩国大力投入以"DNA"为代表的数字基础设施建设，其中"D"代表大数据，"N"代表5G网络，"A"代表人工智能，从而保障数据要素的安全、高效流通。

在医疗保健领域，利用医疗大数据和人工智能技术，提供基于数据分析的医疗保健服务，并结合元宇宙

元宇宙：整合虚拟现实、区块链、人工智能等技术构建的虚实融合数字空间，支持社交互动、经济交易与沉浸式体验，形成永续发展的数字化社会生态。

开展虚拟医疗实践。在环境、社会和公司治理（ESG）领域，通过 ESG 门户网站，可查看 ESG 披露数据及投资统计数据。在工业制造领域，基于物联网、云平台、人工智能、数字孪生等技术，实现工厂数据的采集、存储、管理、分析及可视化展现，进而推进智能工厂建设，同时实现供应链的数字化与智能化。在农业领域，致力于开发将大数据和人工智能融入农业领域的系统与平台，加快以私营部门为主导的服务发展及农业商业模式创新。

此外，韩国高度重视以个人数据管理（Mydata）为基础的数据交易模式。Mydata 最初主要应用于金融领域，用户可借助 Mydata 实现个人财富管理和商品推荐。Mydata 的应用场景丰富多样，涵盖存款、贷款、信用卡、通信和保险以及支付等金融场景，还涉及公共行政、医疗等领域。用户可借助 Mydata 一次性查询分散在不同机构的个人数据，并主动且有选择性地向某些企业提供个人数据，以获取商品或服务的推荐。

6.3 智能驱动及多层次市场格局初步形成

在有效市场、有为政府的共同作用和数字技术的催化下，我国数据要素形成了多层次发展的市场格局：一是场内交易市场，数据价值实现遵循资源化、资产化、资本化的发展链路；二是数字化转型的市场，数据价值实现取决于行业和企业数字化、网络化、智能化（包括人工智能化）的进化速度，以及市场主体对于投资回报率（ROI）的评价；三是数据原生企业构成的市场，数据价值实现过程呈现出业务数字化、数字产品化和服务化的特征。三类市场运行的动力机制、价格形成机制均有较大差异，且彼此支撑、协同发展，共同对数据要素市场形成有力支撑。

人工智能：引领产业向数据驱动模式转型

人工智能是发展新质生产力的重要引擎，已成为引领新一轮科技革命和产业变革的关键驱动力。以 ChatGPT 等为代表的 AIGC（生成式人工智能）技术应用在全球范围内广受关注，大模型技术取得创新突破，引发人工智能技术的深刻变革，并加速向多行业渗透。

人工智能大模型的场景应用与产业发展态势迅猛。自2023年起，众多地区积极投身于相关技术及产业的推进工作，并取得了令人瞩目的成果。例如，《上海市推动人工智能大模型创新发展若干措施（2023—2025年）》着重支持在智能制造、生物医药、集成电路、智能化教育教学、科技金融、设计创意、自动驾驶、机器人、数字政府等诸多领域打造示范应用场景。《北京市促进通用人工智能创新发展的若干措施》致力于推动通用人工智能技术在政务、医疗、科学研究、金融、自动驾驶、城市治理等创新场景中的应用。截至2023年年底，我国人工智能核心产业规模已接近5800亿元，已经形成京津冀、长三角、珠三角三大集聚发展区，核心企业数量突破4400家，位居全球第二。目前，国内参数规模超过10亿的大模型已经超过100个，主要集中在通用领域，涵盖自然语言处理、计算机视觉和语音识别等技术领域。人工智能大模型正引发产业效率革命，通过融合多模态数据与智能算法，这些大模型为工业、交通、商贸、医疗、能源、金融等诸多行业的数据驱动模式转型提供了强大助力，助力行业提质增效。

可信流通：合规监管和安全可信技术加速落地

随着数据与生产、分配、流通、消费以及社会服务管理等环节的深度融合，数据安全的重要性愈发显著。近年来，我国不断强化数据安全技术支撑能力与专业服务体系，全方位保障数据供给、流通、使用过程的安全，为数据要素的产业化应用奠定了坚实基础。

在数据交易监管方面，我国采取了多维度的措施。一方面，对数据交易主体准入、数据来源审查、登记备案、数据资产流转以及凭证生成等关键环节实施严格监管，以保障参与各方的合法权益，有效防范数据泄露与滥用风险。目前，实践中的监管方式主要有三种。一是限制交易类别，如山东、深圳等地探索建立数据流通交易负面清单制度，明确禁止或严格限制交易的数据项，规范各类主体的交易行为，提升行政监管的透明度与效率；二是明确数据流通交易制度规则，如广东出台《广东省数据流通交易管理办法（试行）》，贵州制定实施《贵州省数据流通交易促进条例》；三是数据交易平台探索细则指引，如上海数据交易所在《上海数据交易所数据交易管理办法》基础上发布全球首个数据交易所交易规则体系，搭建了"办法—规范—指引"三级交易制度结构。另一方面，注重完善市场服务对数据合规的支撑作用，支持数据服务商和第三方服务机构在审查评估方面发挥积极作用。目前，我国数商企业数量已突破200万家，近十年年均复合增长率保持在30%以上。

在数据安全流通设施与技术路径创新方面，我国同样成果斐然。一方面，数联网、数据金库、可信数据空间等数据流通的新型基础设施的创新步伐不断加快。例如，中国电子推出的数据元件和数据金库产品，通过物理隔离、数据托管和模型转换实现存用分离，有效解决关键数据分散、安全保障不足等问题。另一方面，各地公共数据平台和数据交易平台积极探索应用区块链、隐私计算、加密算法等前沿技术，加速攻克"数据可用不可见、可控可溯源"的数据流通难题，为多种模式、多种形态的数据要素流通方案提供坚实可信的技术底座。

转型牵引：重点行业领域数字化转型步伐加快

我国数据资源应用场景丰富，智能制造、商贸流通、交通物流、金融服务、医疗健康等重点行业领域加快数字化转型。以制造业为例，数字化转型推动企业在技术、管理、流程、组织等方面构建系统性解决方案，支撑业务数字化、场景化、柔性化运行，拓展数据要素应用广度和深度。目前，我国产业数字化转型更加深入，智能制造和工业互联网加快发展，5G、千兆光纤网已融入 71 个国民经济的应用中，应用案例已经超过了 9.4 万个，建设 5G 工厂 300 家。制造业重点领域数字化水平加快提升，关键工序数控化率、数字化研发设计工具普及率分别达到了 62.2% 和 79.6%，推动数据要素在决策分析、智能生产和管理、供应链协同、精准营销等场景应用。部分地方加快推动制造业数字化转型,加速数据要素在智能制造场景应用落地,如《北京市制造业数字化转型实施方案(2024—2026年)》提出分行业培育一批智能制造示范工厂与优秀场景。此外,金融、交通、医疗等多领域数字化转型不断深化,如金融领域全面推进银行业和保险业数字化转型,以数据赋能完善金融信用体系,提升风险防控能力,推动金融产品普惠化、向善向绿发展。

平台赋能:平台企业在产业数字化转型中发挥重要作用

平台企业在技术赋能、产业变革等方面持续发挥重要作用,不断拓宽数据要素应用场景。一方面,平台具有更为精确的信息匹配能力、更为高效的运作效率和更为快速的信息反馈能力,在数字化改造中扮演助推器和加速器。截至2023年年底,具备行业、区域影响力的工业互联网平台超过340个,有效连接产业链上下游企业等各类参与者,采集和汇聚海量工业数据,形成以平台为核心的资源共享、生产要素高效配置,促进供需精准匹配、产业链协同互补。另一方面,平台企业通过在消费互联网领域场景创新、投资以及数字化转型业务,持续加大在数据要素领域投入,赋能传统产业转型升级。

比如，国家发展改革委和国家数据局公布的平台企业典型投资案例中，腾讯、美团等平台企业对工业互联网、大数据基础软件与服务、自动驾驶等领域科技创新型企业投资，促进传统产业高端化智能化发展。

机制突破：数据价值化制度探索路径逐步清晰

数据价值化是数据进入市场流通的前提，推进数据资产管理合规化、标准化、增值化，强化数据资产高质量供给，有利于激活"沉睡"的数据资源，赋能实体经济数字化转型升级，加速新质生产力的形成。我国在数据资产入表、数据要素登记管理、数据知识产权等方面进一步拓展数据资源价值化路径，并获得了创新实践成果。

数据资产制度探索和创新实践持续落地。一方面，数据资产入表落地，推动发现并确认企业数据的价值。2023年《企业数据资源相关会计处理暂行规定》《关于加强数据资产管理的指导意见》《数据资产评估指导意见》发布，逐步建立完善数据资产管理制度，明确了数据资产评估"无场景、不评估"的原则。在此基础上，广东、贵州、北京、浙江、湖北等多省市出台数据资产入表政策要求并推动相关实践。据不完全统计，截至2024年3月，全国已有13家城投或下属企业推动公交、

数据资产入表：依据会计准则将企业数据资源确认为资产并纳入财务报表的会计处理方式，反映数据的经济价值并推动企业数据管理的规范化与资产化。

数据资产评估：运用科学方法对数据资产的价值进行量化分析的过程，综合考虑数据质量、稀缺性、应用场景等因素，为数据交易与管理提供定价依据。目前主要的评估方法包括成本法、市场法及收益法。

供暖、供水等公共数据资产入表甚至完成融资。另一方面，数据纳入知识产权体系，作为实现数据确权的一种方式。北京、上海、江苏、浙江、福建、山东、广东、深圳等省市开展了数据知识产权试点工作。

6.4 人工智能发展面临的数据相关问题

我国人工智能飞速发展

大模型技术的突破

近年来,我国在大模型领域取得了显著成就,研发出多个具有自主知识产权的大规模预训练模型。这些模型在自然语言处理和图像识别等应用领域达到了国际先进水平,部分任务的表现甚至超越了国际同类模型。

算法创新与应用

我国学者和研究机构在算法领域不断创新和优化,提出许多高效、创新的算法,并将其广泛应用于金融、医疗、教育和交通等行业,显著提升了这些行业的智能化水平。同时,我国在人工智能基础理论的研究也在不断深入,国内外顶级会议和期刊上的论文数量和质量均有显著提升。

算力基础设施的快速发展

我国在算力方面的投入和发展迅速,通过建设超级计算中心和推动多种人工智能芯片的研发，算力基础设施实现了快速发展。同时，我国也在提升算力的可获得性和经济性，为人工智能的发展提供了坚实的硬件基础。

数据积累与隐私保护

数据是人工智能发展的核心，我国在数据积累和利用方面具有优势，海量用户数据为人工智能应用提供了丰富的训练资源。同时，数据隐私和安全保护受到越来越多的重视，相关法律法规和标准正在逐步完善。

人工智能治理稳步推进

随着人工智能技术的广泛应用，社会、伦理、安全等问题日益凸显。我国积极推进人工智能的伦理与治理研究，出台政策和指南，引导人工智能的健康发展，确保技术的安全性、可控性。

人工智能数据治理

高质量数据集的短缺

我国人工智能的发展受到高质量数据集不足的制约。尽管我国拥有庞大的数据量，但缺乏精确、完整、及时、可靠和一致的高质量数据。清华大学公共管理学院梁正教授指出，全球数据存量增长速度远低于数据集规模的增长速度。据研究机构 Epoch AI 预测，2030—

2040年，语言数据可能会耗尽，优质中文语料的缺失使AI掌握中文变得更加困难。

数据爬取技术的法律与伦理挑战

数据爬虫技术引发了一系列法律和伦理问题。中国在网络爬取的合规性和边界问题上面临特有的治理挑战。数据爬虫流程包括网站解析、网站爬行和数据组织，其中数据组织具有数据再利用的生产性意义。当前数据爬虫问题主要集中在隐私权保护、不正当竞争、社会资源浪费和互联网秩序破坏等方面。滥用网络爬虫技术可能威胁用户个人和互联网服务提供商数据的安全，侵犯用户隐私和服务提供商的商业信息，带来数据权属、知识产权和商业机密保护、个人信息隐私界限、不正当竞争等方面的数据安全风险。中国面临的数据爬虫治理问题包括法律法规分散滞后、权益保护难度大、监管部门难以察觉等。

个人信息保护的挑战

在数据赋能人工智能发展的过程中，平衡技术创新与个人信息保护之间的矛盾是一个重大挑战。一方面，最小必要原则要求仅处理必要的个人数据，但人工智能训练通常需要海量数据。另一方面，知情同意原则要求数据主体对其个人数据的使用有充分了解并给予明确同意，然而人工智能应用的复杂性往往使用户难以完全理

> 最小必要原则：数据处理中仅收集与业务目的直接相关的最少数据的原则，避免过度采集数据以保护用户隐私，是个人信息保护的核心法律原则之一。

> 知情同意原则：数据处理者需明确告知数据主体相关信息并获得其授权的原则，要求清晰说明数据收集目的、方式及范围，保障数据主体的知情权与控制权。

解数据的使用方式。此外,个人数据的匿名化处理难度大且成本高,还存在被重新识别的风险。面对全球化的数据流动,跨境数据转移的处理也是一个法律约束问题。

知识产权保护问题

随着生成式人工智能如 ChatGPT 的大规模出现,知识产权保护问题日益凸显,尤其是版权问题。人工智能创作的版权归属问题、人工智能创作的侵权风险、人工智能辅助创作的版权归属问题等都是当前面临的挑战。

发展中完善人工智能数据治理

建议成立专门的数据公司和联盟,负责收集、整理和开放高质量数据资源,以满足人工智能大模型的数据需求。同时,应建立数据共享标准和评价体系,确保数据的安全性和质量,降低数据共享和交易的门槛,鼓励更多企业和机构参与数据共享。对于生成式人工智能,其依赖大量高质量标注数据进行有效学习,应加快高质量中文数据集的开发与利用。面对"数据荒",除了关注结构化数据资源外,还应开发大量非结构化产业数据和合成数据,提高数据质量和数量并降低成本。

在数据要素赋能人工智能发展的过程中,应平衡运用最小必要、知情同意、匿名化等原则,并推动建立个人信息"选择退出"机制。对于特殊问题,如数字身份

合成数据:利用人工智能技术生成的数据,在保留原始数据特征的同时去除敏感信息,用于解决数据隐私问题和小样本场景的数据稀缺问题。

数字身份:基于生物特征和密码技术构建的数字化身份标识体系,用于在网络环境中确认主体身份并进行安全认证,是数字社会的信任基础。

和人脸识别，应制定详细的执行细则和标准，规范其使用，并由监管机构加强监督和检查。

应加强数据及其衍生作品的版权保护，特别是在AI创作内容方面，明确作品版权的归属和保护范围。完善知识产权法律体系，为AI创作内容制定特别规定，明确版权归属、使用权和转让条件，并鼓励使用区块链等技术手段追踪和管理版权信息。

第七章 开辟数字经济国际合作新格局

Chapter 7

《中共中央关于进一步全面深化改革、推进中国式现代化的决定》提出要完善推进高质量共建"一带一路"机制，加强绿色发展、数字经济、人工智能等领域的多边合作平台建设。目前，"数字丝绸之路"已经得到广泛认同，成为"一带一路"建设的重要组成部分，合作范围覆盖亚洲、欧洲、拉美、中东等地区，为"一带一路"共建国家衔接发展战略、加强政策协同、推动企业间务实合作搭建了平台，并初步形成了以点带面，多点开花的合作局面。

7.1 数字丝绸之路建设的主要成就

完善顶层规划绘制新蓝图

"数字丝绸之路"： "一带一路"倡议的重要组成部分，旨在通过数字技术合作推动沿线国家在通信基建、数据共享、电子商务等领域的互联互通与协同发展。

自 2015 年以来，我国已与多个国家签署了"数字丝绸之路"合作谅解备忘录，积极推动在大数据、云计算、电子商务、智慧城市、网络安全等数字经济领域的国际合作。与多国联合发起数字经济国际合作倡议，共同参与网络空间命运共同体建设。2017 年 12 月 3 日，在浙江乌镇召开的第四届世界互联网大会上，中国、老挝、沙特、塞尔维亚、泰国、土耳其、阿联酋等国家相关部门共同发起《"一带一路"数字经济国际合作倡议》（以下简称《倡议》），标志着"一带一路"数字经济合作开启新篇章。国际社会对《倡议》发布进行了广泛关注，国内外知名媒体均对《倡议》发布活动进行了宣传报道，与会各国代表对我国数字经济成就给予高度评价，希望通过共同落实《倡议》加速促进各国之间数字化改革和转型。此外，依托中缅、中巴、中老经济走廊等工作机制，我国广泛促进数字经济双边合作。

搭建多维平台创造新机遇

举办"一带一路"国际合作高峰论坛"数字丝绸之路"分论坛、世界互联网大会、中国国际进口博览会、中国智慧城市国际博览会、中国—东盟网络空间论坛、中国—阿拉伯国家博览会等活动,推动我国与"一带一路"共建国家就数字经济国际合作问题建立常态化对话机制并共建成果展示平台。配合高层访问并结合多双边工作机制,我国与德国、匈牙利、韩国、英国等国联合召开数字经济合作论坛,开展了包括主题演讲、项目推介、政策宣讲、商务洽谈等多种形式的交流活动,促进了政策衔接与企业合作。主动谋划并高水平举办多期"数字丝绸之路"主题援外培训班,增进了相关国家之间的政治互信,同时加强企业培训合作,为商业合作奠定了基础。华为在阿联酋等国开展ICT能力培训合作,通过举办学术交流、ICT技能大赛等多种形式的活动,促进了两国信息技术专业人才的培养。敦煌网在土耳其、秘鲁等国组织开展电子商务培训,助力发展中国家中小企业依托跨境电子商务开拓国际市场。

积极推动城市合作,建立数字经济市际合作机制。在中东地区,我国与沙特探索推进深圳、银川与利雅得、吉达分别开展点对点的合作。在亚洲地区,我国与韩国推动威海和仁川,沈阳与大田开展对点友好城市合作与交流，并促进了数字经济领域的联合创新和投资等合作项目的实施，济南已与印度尼西亚的外南梦达成了友好合作意向，南宁、厦门、杭州、昆明、南京、深圳等城市正与东盟的相关城市积极对接。在欧洲地区，杭州已与塞尔维亚的尼什签署了城市合作意向书，在智慧城市建设领域加强合作，培育重大项目。

推进新基建筑牢合作新基石

通过试验区建设与市场项目落地，推动我国与"一带一路"共建国家在新型基础设施建设领域的深入合作。建设中阿网上丝绸之路合作试验区，打造中阿网络和信息服务枢纽。2016年3月，"建设中国—阿拉伯国家等网上丝绸之路"被列入《国民经济和社会发展第十三个五年规划纲要》；同年11月，《国家发展改革委、中央网信办关于支持宁夏回族自治区开展中阿网上丝绸之路经济合作试验区暨宁夏枢纽工程建设的复函》要求，宁夏"在宽带信息基础设施、卫星应用服务、大数据、云计算、跨境电商、智慧城市等新兴产业领域务实开展对阿合作，拓展信息经济发展新空间，形成对阿拉伯国家国际合作新局面"。

中国科技公司主动融入全球市场，面向全球输出新基建技术能力和项目运营能力。华为在匈牙利设立欧洲物流中心，为当地提供服务。华为沙特子公司与沙特皇家委员会、沙特电力公司、沙特国际电力和水务公司分别签署战略合作备忘录，在数字化转型、智能电网、智慧城市、智慧能源、人工智能和大数据应用、知识技术传播等领域开展战略合作。华为还深度参与了孟加拉国政府基础网络二期、三期项目，助力孟加拉国打造南亚的数字高地，推动"数字孟加拉2021"愿景的实现。

加快东盟信息港建设拓展合作新边界

中国—东盟信息港股份有限公司（简称中国东信）已经在马来西亚、老挝、新加坡、缅甸、柬埔寨、印度尼西亚、泰国、菲律宾、越南等东盟国家开展了多个项目。在云通信项目合作方面，已与马来西亚、缅甸、柬埔寨、泰国、菲律宾及印度尼西亚等国的当地电信运营商合作，推出全球首个基于嵌入式SIM（eSIM）技术的Elinking。在互联网增值业务项目合作方面，与缅甸合作伙伴开展游戏、超信等合作，将中国优势互联网增值内容引入东盟国家。在云计算中心项目合作方面，建设并运营了老挝国内第一个云计算中心。在国际贸易项目合作方面，与新加坡合作建设国际贸易单一窗口，共享国际物流大数据，实现了"一单两报"。在电子政务信息化项目合作方面，与老挝、缅甸合作伙伴合作建设智慧民生项目，打造集政务服务、市民服务、生活服务、移动支付、网购、通讯、娱乐及网约车等功能于一体的"超级应用"。此外，还与老挝合作伙伴推动老挝智慧政务办公平台建设，助力老挝加速数字化转型，提升政府治理与服务水平。

依托大型平台培育国际合作新势能

在跨境电商领域，京东、网易考拉、敦煌网等企业积极拓展跨境电商业务，为相关国家的中小企业走向世界提供了机会。在移动支付领域，微信、支付宝已打通全球多个国家和地区资金渠道。在智慧出行领域，滴滴与爱沙尼亚网约车平台Taxify建立了战略伙伴关系。在智慧物流领域，顺丰与爱沙尼亚国家邮政集团成立合资包裹快递公司Post11。京东通过全球智能供应链基础网络（GSSC）的搭建，将配送服务的标杆"211限时达"（当日上午11点前提交的现货订单当日送达及当日23点提交的现货订单次日15点前送达）复制到印尼。同时，为了不影响当地人按时礼拜的习惯，京东物流将其调整为"210"（每天早上10点和晚上10点截单），目前，该服务在大雅加达地区的履约率达到90%。

深化技术应用点亮数字新丝路

中国高技术企业四维时代网络科技有限公司与德国

黑提恩斯陶瓷博物馆开展数字化合作，对博物馆的四大展厅进行了实景复刻，并复原了多件精品陶瓷文物。中国国家级国际科技合作研究类项目——"老挝'一带一路'轻小型无人机稀少（无）控制测图关键技术国际合作项目"极大提升了老挝的救灾工作效率。老挝天眼公司、老星公司等很多企业将中国最先进的遥感、地理信息系统和全球定位系统（3S）技术引入老挝，发展本地测绘与地理信息行业。东软医疗通过硬件设备、临床软件、专科化诊疗解决方案、服务整合，形成了一整套医疗服务解决方案。基于影像云平台和人工智能技术，东软医疗实现设备的互联互通，并将专科化诊疗解决方案与设备相结合，已为全球多个国家和地区提供临床方法论、经验、治疗方案以及专家远程诊断等一体化的支持，用技术和服务铺就了一条"健康丝绸之路"。科大讯飞翻译机已经在博鳌亚洲论坛、中国驻欧盟使团开放日、世界互联网大会等重大活动上亮相，成为不同国家民众沟通交流的"神器"。中国的卫星通信、电子商务企业将数字化成果分享至全球，深刻改变了人们的生活。例如，"万村通"项目使非洲村民得以观看世界杯。

7.2 数字丝绸之路建设的新形势与新思路

数字丝绸之路的发展机遇与挑战

数字经济正成为全球经济增长的重要驱动力

当前，全球政治、经济、科技、文化格局正面临深刻调整，全球宏观经济形势愈发严峻。与此同时，世界各国普遍认为数字经济是世界经济的未来，超过80%的经济合作与发展组织（OECD）成员国已制定数字经济战略。数字经济有助于提升各行业生产力、打造新兴产业、建立可持续发展的经济体系，正成为创新全球经济增长方式的强大动能。中国信通院发布的《全球数字经济白皮书（2023）》显示，2022年，测算的51个国家数字经济增加值规模为14.4万亿美元，同比名义增长7.4%，占GDP比重达到46.1%。中国作为全球第二大数字经济体，推动"数字丝绸之路"发展，既是数字经济发展和"一带一路"倡议的结合，也为"一带一路"建设提供了有力的数字技术支撑。

制度与文化差异增加了数字经济协同治理的难度

"数字丝绸之路"涉及众多具有不同法律制度、政治制度、文化传统和宗教信仰的国家。其诸多项目所涉及的争端和摩擦,不仅发生在贸易层面,还可能出现在数据收集、个人隐私、数据安全、海关等多个领域。在"数字丝绸之路"的建设过程中,要求沿线各国和地区在立法、司法、行政等领域展开全方位合作。然而,由于涉及的国家和地区众多,且涉及的部门广泛,沟通与协同的难度较大。此外,"数字丝绸之路"的建设要求相关国家和地区间拥有一套跨区域、跨文化、跨体制的完善的信用保障体系,以支持更复杂的交易环境。但目前,沿线部分国家和地区存在信用意识和信用道德规范缺失的问题,企业内部电子商务信用管理制度不健全,信用中介服务落后,且缺乏有效的法律保障和奖惩机制,这导致电子支付短期内难以在"一带一路"区域内全面展开。

"一带一路"共建国家和地区数字经济发展不均衡

"一带一路"共建国家和地区的数字基础设施水平普遍低于全球平均水平,这严重影响了"一带一路"共同经济体的互联互通。国家信息中心关于"一带一路"大数据专项研究的结果显示,"数字丝绸之路"畅通度国别差异大,最高得分为85.22分,最低得分为13.2分。以色列、立陶宛、拉脱维亚等国家信息化发展水平较高，阿富汗、尼泊尔、塔吉克斯坦等国家信息化发展水平明显滞后。"数字丝绸之路"的建设，有助于推动"一带一路"共建国家和地区在信息基础设施、贸易发展、文化交流等领域的全方位交流合作，提升其信息化水平，有效缩小数字鸿沟。

新一轮高水平对外开放为国际合作开辟了新空间

习近平总书记提出，积极构建以国内大循环为主体、国内国际双循环相互促进的新发展格局。随着"一带一路"倡议、上海合作组织、欧亚经济联盟、"金砖五国"、东盟与中国（"10+1"）领导人会议、海峡两岸经济合作框架协议（ECFA）及内地与港澳关于建立更紧密经贸关系的安排（CEPA）等合作机制的有效叠加，我国数字经济国际合作战略布局进一步加快，大数据、云计算、智慧城市、跨境电商、数字化等成为重点合作领域。多双边数字经济合作会进一步促进相关国家优化经济结构、推动产业升级转型、实现灵活就业与创业，提升经济质量，驱动经济增长，增进民众福利。

中美贸易争端升级凸显开辟"一带一路"新市场的紧迫性

目前，中美之间贸易摩擦和争端不断升级。未来一段时间，中美经贸关系将面临复杂性与不确定性，国际贸易秩序持续动荡,极大提升了开辟国际贸易和投资新市场的必要性和紧迫性。数据显示,近年来我国与"一带一路"共建国家和地区的贸易份额持续上升,2024年已经超过我国外贸总值的50%。全面提升与"一带一路"共建国家和地区经贸合作水平、开辟"一带一路"新市场是调整我国外贸结构、提升对外贸易国际竞争力的一个重要突破口。

新技术推动企业加快数字化转型

从技术与产业融合的进程来看,我国物联网、大数据、云计算、人工智能、5G和区块链等新技术迅速发展并加速融合,催生了电子商务、新零售、平台经济、共享经济等一批新业态和商业模式。越来越多的企业开始探索数字化转型道路,加速建立适应数字经济时代的业务流程、组织管理及商业模式。我国较为发达的电子信息产业和互联网产业,为我国数字技术、数字服务出海奠定了技术优势。

"数字丝绸之路"建设的新思路

统筹推进网络空间命运共同体建设

秉承共商、共建、共享、平等、开放、信任的原则,以通信网、互联网建设为载体,以搭建信息网络公共服务平台为手段,以发展数字经济为抓手,以构建沿线国家和地区数字经济生态圈为目的，实现沿线国家和地区在数据信息服务、互联网业务和国际通信业务领域的互联互通。通过提供全天候信息支持和服务，打造信息大通道，推进"一带一路"高质量发展和全球互联网治理体系变革，共同构建网络空间命运共同体。

加强信息基础设施互联互通

重点围绕高速网络宽带、微波、光纤、光缆、卫星、移动通信等网络设备设施建设，加快整合与南亚、东南亚、中亚、西亚、中东欧地区等有关国家基于卫星的天基网络以及基于海底光缆的海洋网络和传统的陆地网络。通过天地一体化信息网络推动空间与地面设施的互联互通，构建覆盖沿线地区和国家、无缝连接的天地空间信息系统和服务能力。鼓励在"一带一路"沿线节点城市部署数据中心、云计算平台和内容分发网络平台等设施，依托自主创新技术优势和应用实践，紧抓"一带一路"发展契机，继续深化智慧城市合作建设，积极开展科技创新和商业模式创新，加速在"数字丝绸之路"沿线国家普及以大数据平台和云计算为基础的互联网业务。

推动数字贸易集群化发展

高质量建设数字贸易先行示范区，探索数字贸易发展机制与监管模式，提升数字贸易自由化与便利化水平，在跨境电商、数字文化、数字生活、数字云服务等

数字贸易：依托数字技术开展的商品与服务交易活动，涵盖跨境电商、数字内容服务、智能化物流等形态，通过数据驱动重塑全球贸易格局与规则。

方面打造我国数字贸易新优势。鼓励跨境电商在"一带一路"共建国家和地区扩大规模,支持跨境电商拓展产业链与生态链,共同推进电子商务国际规则制定。支持重点互联网企业在沿线国家和地区建立国际物流中心、结算中心、跨境电商平台等。优化数字贸易结构,大力发展高附加值的数字服务外包新业态,培育数字贸易竞争新优势。

推动数据资源共享开发

重点与东南亚、东亚、中东欧、阿拉伯地区等有关国家围绕数据存储、技术研发、应用交易、数据共享开放、行业大数据应用发展等领域开展国际合作与交流。发挥企业作为创新主体的作用,整合沿线国家优质的产学研用资源,研发大数据采集、传输、存储、管理、处理、分析、应用、可视化和安全等关键技术。推动区域内各国在电信、商贸、农业、食品、文化创意、交通、旅游等领域大数据的深入应用。推动沿线国家和地区社会治理和公共服务大数据应用的发展。探索推进离岸数据中心建设,建立完善区域内互联网信息资源库。加强我国大数据标准化组织与沿线国家和地区的交流合作,形成一批大数据测试认证及服务平台。

搭建"数字丝绸之路"公共服务平台

建立"数字丝绸之路"大数据平台,及时发布全面

离岸数据中心:设立在境外的大规模数据存储与处理设施,利用当地政策与资源优势提供数据托管、灾备等服务,促进跨境数据的合规化与国际化开发。

准确的国外投资环境、产业政策、项目合作机会等信息，为企业出海提供全方位数据服务支撑。全面整合政府、商会、企业、金融机构、中介服务机构的信息资源，建立"数字丝绸之路"国际合作重点项目库。系统制定与完善"数字丝绸之路"风险防控国别指南，加强对重点国家、重大案件、典型事件的跟踪研究，及时发布风险提示。建立企业海外救济机制，推动设立国际商事审判机构，组建"数字丝绸之路"国际商事法庭审判队伍，有效解决"数字丝绸之路"建设中的商事纠纷问题。

建立常态化数字经济国际合作机制

制定"数字丝绸之路"顶层规划，加强政府间交流沟通，深化与重点地区、重点国家的合作，全面打造"数字丝绸之路"创新发展生态系统。充分发挥现有多双边高层合作机制的作用，与重点国家建立产能合作机制。完善与沿线相关国家在投资、金融、税收、海关、信用、人员往来等方面的合作机制，为"数字丝绸之路"建设提供支撑保障。建立"数字丝绸之路""政产学研用金"一体化协同机制，针对重点任务实施"数字丝绸之路"建设行动计划、重大工程。开展"数字丝绸之路"标准合作，努力打通各国标准体系，全面提升我国"数字丝绸之路"标准建设水平。在人工智能领域，加强与"一带一路"共建国家和地区在技术研发、产业发展和安全治理等方面的合作。

7.3 全球数据跨境政策实践

当前,随着全球数字贸易的快速发展,跨境数据流动规模快速增长,成为带动数字经济国际合作的重要纽带。《全球数字贸易发展报告2024》公布的数据显示,2021—2023年,全球数字贸易规模从6.02万亿美元激增至7.13万亿美元,年均增速高达8.8%。全球数字贸易的快速发展对数据跨境提出了更多需求。从全球前十大经济体来看,欧盟、美国和中国的数字贸易规模位居全球前三,三大经济体均在审慎、动态调整数据跨境策略,以应对不断增长的数据跨境市场需求。相关研究报告显示,预计到2025年,数据跨境流动对全球GDP的贡献价值将达到11万亿美元。

欧盟和美国作为全球经济的两大支柱,在处理数据跨境流动问题上的策略和立场具有显著的代表性和影响力,尤其是欧盟的《通用数据保护条例》(GDPR)以及美国的数字贸易政策,为全球其他国家和地区提供了重要的参照。另外,鉴于全球性的结构变化,欧盟和美国在数据监管策略上的政策调整无疑将影响全球数据治理

数据跨境流动:数据跨越国家或地区边界进行传输、存储与处理的活动,涉及不同司法管辖区的数据主权、安全标准与合规要求,是全球数字经济治理的核心议题。

的大方向。因此，深入研究欧盟和美国的数据跨境政策，不仅可以对全球数据治理的未来走向进行研判，也能为我国应对同类问题的挑战提供借鉴和指导。

欧盟数据跨境的制度实践

数据流动的充分性标准

根据欧盟的《通用数据保护条例》（GDPR），个人数据在欧盟成员国之间可以自由流通，不受限制。然而，对于向欧盟外的第三国或国际组织传输个人数据，必须满足"适当性和充分性"的标准，以保证数据保护水平不会降低。若欧盟数据保护委员会确认某第三国的数据保护水平符合 GDPR 要求，则该国与欧盟成员国之间的数据传输不用额外授权；若不符合，则需进行评估。

数据传输的保障机制

对于不在白名单上的第三国、地区或国际组织，在需要从欧盟传输数据时，可以采取特定的保障措施。GDPR 第 46 条列举了几种机制，允许在满足一定条件下，将个人数据传输至未被欧盟认定为具有足够数据保护水平的国家、地区或国际组织。这些机制包括：

（1）依据具有法律约束力和可执行性的公共机构间协议进行跨境数据传输；

（2）企业制定并得到数据保护机构批准的约束性公司规则；

（3）数据发送方与接收方签订的标准合同条款；

（4）依据经批准的行为守则进行数据传输；

（5）依据经批准的认证机制进行数据传输。

数据跨境传输的豁免情况

GDPR 还规定了若干例外情况从而允许数据跨境传输。这些情况包括：数据主体在知晓可能面临的风险后，明确同意将个人数据传输到欧洲经济区之外；数据传输是为了履行数据主体作为一方当事人的合同义务，或合同虽非数据主体签署，但代表其利益；数据传输是为了保护重要的公共利益；数据传输是为了建立、执行或辩护法律主张；数据传输是为了保护数据主体的重大利益；部分公共注册登记机构数据的跨境传输。

欧盟数据跨境政策走势

一是更加重视数据保护。欧盟在数据保护领域采取了积极的行动，尤其是在跨境数据传输方面，对个人数据的保护尤为严格。例如，欧盟在《108号公约》中推出的跨境数据转移示范合同条款，与新西兰签订的包含数据保护承诺的自由贸易协定以及批准的欧美数据传输新协议《欧美数据隐私框架》，都显示了欧盟在数据保护方面的积极行动和高度关注。

二是积极推动技术和数据监管。欧盟正在探索合适的技术和数据监管措施，以平衡技术进步与个人隐私权的保护。例如，在反恐信息共享规则中，欧盟加强了数据安全的规定，同时随着人工智能技术的发展，其对人工智能在数据处理中的关注度不断提高。利用人工智能处理跨境数据隐私安全问题逐渐成为新的趋势。

三是运用数据提升政府效能。欧盟利用数据来提高公共服务和政府效率。例如，英国和新加坡签署的《数据合作谅解备忘录》强调了数据在提升公共服务和政府效率方面的重要性；瑞士在《108号公约+》中要求增强数据保护机构的权力和独立性，以提高政府效能。

美国数据跨境的制度实践

美国是全球首个在国际贸易协定中涉及数据跨境流动的国家，总体来看，美国一直致力于创造有利于数据跨境流动的条件，其政策演变历程如下：

里根政府时期：美国首次引入"数据保证"项目，标志着其在国际贸易协议中开始关注跨境数据流动问题。

克林顿政府时期：美国进一步推动《全球电子商务框架》的制定，将跨境数据流动纳入国际贸易的讨论范畴。

第七章
开辟数字经济国际合作新格局

小布什政府时期：美国将电子商务条款正式纳入自由贸易协定，强化了跨境数据流动在国际贸易中的地位。

奥巴马政府时期：美国将数字贸易作为重点关注领域，进一步强调了跨境数据流动在国际贸易中的重要性。

特朗普政府时期：美国通过《澄清境外合法使用数据法案》（CLOUD Act），确立了美国的数据主权，为数据流动提供了法律基础。

数据主权：国家对境内产生的数据享有的最高管辖与控制权，包括制定数据本地化规则、监管数据跨境流动及维护数据安全，是数字时代国家主权的重要组成部分。

拜登政府时期：美国继续发展"美式模板"，对数据跨境流动政策进行了调整和更新，以适应全球数字经济的发展和变化。

美国数据跨境政策走势

一是构建跨境数据流动生态圈。以"跨境数据自由流动"为理念，推动与欧盟、日本、英国等国家和地区建立双边及多边规则体系，逐步在全球数据流动规则中占据优势地位。美国利用这一地位，采取"小院高墙"策略，推进以排斥特定国家和产业主体为特征的跨境数据流动国际规则体系。这一策略的转变是美国在数据出口管制等政策上实现闭环的重要前提，与拜登政府推进的"印太经济框架"（IPEF）数字贸易谈判方向相一致，反映了美国政策转变的深层考量。

二是构建全球数字化浪潮中的美国数据生态优势。在全球数字化新浪潮中，尤其是在人工智能等新一代数字技术应用快速发展的背景下，美国在全球数据生态中具有相对优势地位。为了维持这一优势地位，美国甚至放弃了部分长期主张，试图最大限度压制其他国家在数据资源层面的优势。例如，2023年10月30日，时任美国总统拜登签署了《关于安全、可靠和值得信赖的人工智能的行政令》，这是美国迄今为止最全面的人工智能监管行政令，涉及国内监管和国际治理，强调建立国际框架来管理人工智能的发展和应用。

三是美国政府针对大型科技公司的数据跨境监管立场存在不确定性。拜登政府倾向于加强对大型科技公司的监管。尽管面临一些立法者和大企业的强烈反对，但从拜登政府在数据治理、市场秩序以及国际规则方面的行动来看，拜登政府反对有利于大型科技公司进行垄断扩张的数字贸易规则。然而，2024年特朗普在总统选举中获胜后，美国政府对大型科技公司数据跨境的监管立场又充满了不确定性。

中国数据跨境的制度实践

数据跨境监管制度逐步完善

自2022年下半年开始，中国开始实施基于《中华人民共和国网络安全法》《中华人民共和国数据安全法》和《中华人民共和国个人信息保护法》的数据出境监管制度，如数据出境安全评估、个人信息出境标准合同和个人信息保护认证。这标志着中国数据跨境监管进入了系统化运作的新阶段。这一监管框架适用于广泛的数据出境场景，并与特殊情况下的数据跨境监管制度共同构建了中国的数据跨境监管体系。

> **个人信息保护认证：** 由第三方机构依据国家标准对个人信息保护能力进行评估的制度。

该监管框架主要适用于重要数据和个人信息的跨境传输，旨在确保数据跨境流动的安全性和合法性，同时保障国家安全、公共利益和个人合法权益。此外，针对特殊情况下的数据跨境活动，相关法律法规也提供了豁免条款，以降低数据处理者的合规成本并促进数字经济的发展

数据跨境政策调整

2023年，中国的数据政策显露出松绑迹象。国务院在关于优化外商投资环境的意见中提到"探索便利化的数据跨境流动安全管理机制"，为符合条件的外商投资企业开辟绿色通道，高效开展重要数据和个人信息出境安全评估，促进数据安全有序自由流动。2024年《促进和规范数据跨境流动规定》(以下简称《规定》)发布，对部分数据跨境场景的安全评估予以豁免。根据《规定》，自由贸易试验区在国家数据分类分级保护制度框架下，可以自行制定区内需要纳入数据出境安全评估、个人信息出境标准合同、个人信息保护认证管理范围的数据清单

（以下简称负面清单），经省级网络安全和信息化委员会批准后，报国家网信部门、国家数据管理部门备案。总体来看，各地落地进度不及预期，该项政策红利没有充分释放。

数据跨境实操案例

2023年年初，首都医科大学附属北京友谊医院与荷兰阿姆斯特丹大学医学中心合作的研究项目通过了数据出境安全评估，成为全国首个数据合规出境案例。2023年，我国数据出境的三条路径均得以落地实施，涉及航空、计算机、信息软件、互联网、汽车、医疗等多个行业。其中，外资企业居多，且大多集中在北京、上海、广州及江浙地区。这些实践为进一步完善数据出境安全管理工作积累了宝贵的经验。

关于完善我国数据跨境制度的思考

寻求安全与发展的平衡

自2023年以来，我国出台了一系列制度及政策，旨在优化外商投资环境和规范数据跨境流动。这些措施降低了数据出境的门槛，为经济发展带来了积极影响。在保障数据安全的过程中，应避免过度追求绝对安全而忽视经济发展的需求。这意味着在保护数据的同时，还要兼顾经济成本和效益，力求找到一个既安全又经济的解决方案。同时，要避免照搬国外制度，应充分考虑中国数字经济发展基础和优势、法律文化等，以更多元的方式促进数据跨境流动，从而提升我国在全球数字经济领域的竞争力。

加快自贸区数据跨境试点探索进程

上海在数据跨境流动方面开展了一系列前瞻性探索实践。2024年5月，上海自贸区临港新片区发布了全国首批数据跨境场景化一般数据清单，主要包含智能网联汽车、公募基金、生物医药等3个领域。建议进一步扩大一般数据清单范围，与特定国家建立点对点合作关系和绿色通道，加强数字身份和电子认证国际合作，提高数据跨境流动效率。

提升政府数据监管的协同合作

欧盟在数据监管领域持续强化协同，各国成立了专门机构来执行和维护GDPR。欧洲数据保护委员会（EDPB）在确保数据跨境传输的一致性、解释跨境数据转移规则、发布个人隐私保护指导方针以及促进成员国间数据保护合作等方面扮演着关键角色。EDPB通过其一致性机制和合作框架，确保了欧盟在数据保护实施上的高标准和统一性。

借鉴欧盟经验，我国可以通过建立联合监管机制来提升政府效能。具体而言，通过明确职责分工、信息共

电子认证：运用数字签名、证书授权等技术手段确认电子交易中主体身份与数据真实性的机制，保障线上行为的法律效力与安全性，促进数字经济信任体系建设。

享、资源整合、协同响应和政策协调等手段，提高决策效率，减少信息孤岛，避免政策冲突，实现政策导向和执行标准的统一，有效提高数据跨境政策的执行效率，构建有利于提升我国数字经济国际竞争力的数据跨境监管模式。

参考文献 REFERENCE

1. 程啸. 论数据权益 [J]. 国家检察官学院学报，2023（5）：77-94.
2. 纪琳琳. 欧盟数据流动范式的扩张以及中国的思考 [C]// 上海对外经贸大学 2020 年"国际法学"学术论坛，上海，2023.
3. 李俊，赵若锦，范羽晴. 我国数据跨境流动治理成效、问题与完善建议 [J]. 国际商务研究，2023，44（06）：84-95.
4. 申卫星. 数据产权：从两权分离到三权分置 [J]. 中国法律评论，2023，54（6）：125-137.
5. 王星. 推动数字经济与实体经济融合发展的政策建议 [J]. 行政改革内参，2020（11）：34-38.
6. 王星. 构建四个闭环，夯实数字经济产业发展基石 [N]. 人民邮电报，2022-08-09.
7. 叶传星，闫文光. 论中国数据跨境制度的现状、问题与纾困路径 [J]. 北京航空航天大学学报（社会科学版），2024（1）：57-71.
8. 张生. 美国跨境数据流动的国际法规制路径与中国的因应 [J]. 经济贸易评论，2019（4）：79-93.
9. 周汉华. 数据确权的误区 [J]. 法学研究，2023（2）：3-20.

10. 周辉，张心宇，孙牧原. 数据要素市场的法治化：原理与实践 [M]. 北京：中国社会科学出版社，2022.

11. 中国互联网络信息中心. 中国互联网络发展状况统计报告（第55次）[R]. 北京：中国互联网络信息中心，2025.

12. 中国信息通信研究院. 中国数字经济发展研究报告（2024年）[R]. 北京：中国信息通信研究院，2024.

13. 腾讯研究院. 维度、力度和限度：中国数字经济发展观察报告 [R]. 北京：腾讯研究院，2021.

14. 腾讯研究院，中国电子信息产业发展研究院. 数据要素赋能新质生产力——数据要素场景创新发展报告（2024）[R]. 北京：腾讯研究院，中国电子信息产业发展研究院，2024.